布局人生
——通往财富自由之路

萧鼎诚 著

人民日报出版社

图书在版编目（CIP）数据

布局人生：通往财富自由之路 / 萧鼎诚著. -- 北京：人民日报出版社, 2019.4
ISBN 978-7-5115-5985-2

Ⅰ.①布… Ⅱ.①萧… Ⅲ.①成功心理—通俗读物 Ⅳ.①B848.4-49

中国版本图书馆CIP数据核字(2019)第070318号

书　　　名：	布局人生：通往财富自由之路
作　　　者：	萧鼎诚
出 版 人：	董　伟
责任编辑：	袁兆英
封面设计：	邢海燕
出版发行：	人民日报出版社
社　　　址：	北京金台西路2号
邮政编码：	100733
发行热线：	（010）65369509　65369527　65369846　65363528
邮购热线：	（010）65369530　65363527
编辑热线：	（010）65363105
网　　　址：	www.peopledailypress.com
经　　　销：	新华书店
印　　　刷：	河北盛世彩捷印刷有限公司
开　　　本：	710mm×1000mm　1/16
字　　　数：	200千字
印　　　张：	12.25
印　　　次：	2019年5月第1版　2019年5月第1次印刷
书　　　号：	ISBN 978-7-5115-5985-2
定　　　价：	45.00元

序　　战胜命运

萧鼎诚

经常有学员问我："老师，你觉得人的命运可以被改变吗？"

我总鼓励他们："千万不要气馁，起点不高是我们无法更改的事实，但是人生后面的道路，我们却能自己走好。"

要论起点不高，我自己就是一个鲜活的例子。

我出生在一个普通的农民家庭，家里有四个兄弟姐妹，因为贫穷，我们的中餐晚餐经常吃酱油拌饭，就连拌饭的米还是跟邻居借的，而且是在十来年间断断续续地借。我们一家6口人挤在40平米的土瓦房里，外面下大雨，家里下小雨。当时虽贫穷，却也快乐，年幼的我在父母的羽翼保护之下，虽饱受饥寒，也仍然坚信，只要一家人能在一起，即便穷一点，苦一点，那也是幸福的。然而，我15岁那年，患病的母亲在刚刚过完50岁生日后，因为无钱医病、撒手人寰，离我们而去了。我跪在母亲身边，看着火盆里纸钱上燃烧跳动的火，泪流满面，我双手握拳，暗暗发誓："这辈子一定要改变命运，否则誓不为人。"

那一天也正式宣告，我从此成了半个孤儿：父亲为了养家糊口，每天早出晚归给别人家砌房子，哥哥姐姐们都在外地打工，只剩我独自一人孤苦生活。

17岁那年，现实的窘迫逼得我在高二不得不辍学。没有背景、没有人脉、没有学历的我开始在社会上闯荡。先在工厂里打工，加班加点，一个月挣1200，我很满足。18岁开始，我进入销售行业，但因为自己不擅长与人打交道，不懂如何做好销售，虽然累死累活，但业绩惨淡，经常挂零。因为没钱交房租，我被房东赶了出来，睡公交站，睡公园，睡在山上；因为没钱坐公交，我曾经每天来回走路4个小时上下班；因为没钱吃饭，我咸菜就包子，猛灌自来水，把包子泡发，给肚子一种虚假的饱腹感。

在我最无助，最脆弱的时候，我总是想起母亲，我悔恨，我痛苦，我责怪自己，为什么我这么无能，没法保护好她，要是我们不这么穷，那母亲就不会这么年轻就离开我们。我仰望星空，暗自发誓，一定要勤奋努力，活出个人样儿来。

我最开始的梦想很简单，薪水能从1200涨到3000，在城里买一套房子或者在老家盖一栋房子，娶个老婆，生个孩子，能有辆几万的小轿车那就再好不过了。

事实证明，确定目标，掌握方法，梦想就能实现，我的薪水很快过万了，也开上了普通轿车。这时候我才意识到，成功不是偶然，而是细致的布局，系统的谋划，精准的目标，持续的能力所造就的必然结果，我开始总结自己成功的经验。

人首先得有野心，命运跟野心有100%的关系，穷人之所以穷，很多程度上是缺乏野心，贫穷阻隔了他们的视野，让他们麻木不仁。野心，是通往成功的敲门砖，目标，是实现梦想的第一步。

光有野心是不够的，否则就会跟没头苍蝇似的到处乱撞，在我们确立目标之后，其次要做的就是对未来的布局规划，穷人总是走一步算一步，富人却永远在思考明天、后天、大后天会发生什么。比尔·盖茨在微软创立之初就写下公司未来500年的规划；马云在创立阿里巴巴的第一天就定好了公司未来102年的发展愿景；我作为后来者，以前辈为榜样，也给自己写下65岁以前每五年的规划，并且每年写下全新的150个目标，达成率高达80%。

80%的达成率是很高的，你们现在回想一下你们之前定下的目标，许下的心愿，有多少是能够实现的呢？能实现一两个就已经非常不得了。

为什么达成目标这么难？

无外乎两种原因：第一是目标太不切实际，第二是能力实在不够！

目标不切实际怎么办？那就先定几个小目标，能达成几个可以实现的小目标要远远比一个达不成的宏伟的大目标更重要。如果预期降低，还是无法达成目标，那就真的是实力不济。这就需要一个人好好完善下自己的学习力，不仅要能学会新知识并加以运用，还要适应日新月异的时代发展变化，与时俱进，否则，被淘汰是迟早的事。

过去十年，我花重金用于学习，向成功的企业家寻求经验。因为我深谙一个道理："能力代表的只是你的现在，只有学习力才能创造未来"。

我一直觉得，在时间给予方面，老天爷对每个人都是100%公平，可是人与人的差别仍然非常之大！为什么呢？花时间就像打渔撒网，花的地方不同，收获就有所不同。你想要什么，就应该要在那个方面花时间，下功夫，付出代价。即便你把时间用对了地方，别人如果单位时间内比你付出了更多，或者做同一件事情比你用了更少的时间，换言之，也就是比你更有效率，别人仍然会比你收获更丰。所以，从现在开始，惜时如命，把时间用对，减少垃圾时间的浪费，让自己更有效率，那么，你比别人收获更多，取得更大的成就，将成为必然。

以上所说的能力都是宏观的领袖力，它可以决定你和你的企业所能到达的上限。但是有几种能力，却能在短时间内让你收获成效、迅速蜕变。

1. 销售力

这个世界上最难的两件事情是把自己的思想装进别人的脑袋和把别人的钱放到自己的口袋。顶级的销售就应该具备这样的才能，穷人没有一夜暴富的可能性，但是销售行业却让穷人变富成为可能。

2. 演说力

更大的财富来自于影响力，在传播非常发达的现今，如果你具备天赋异禀的演说能力，那么你的影响力将迅速扩大，从而成功地打造个人品牌和形象，实现财富倍增和人脉积累。

3. 领导力

小成功可以靠自己，大成就必须靠团队。古今中外，历史上所有伟大人物的成功都不是独木成林，他们的背后都有一支强大的团队在辅助，领导力可以让他人的能力为己所用，从而实现共赢。

而在本书中，我将详细地给大家阐述学习这些能力的方法。

有人问我《布局人生》到底给我自己带来了什么？

在 30 岁之前，我拥有了豪车和湖景豪宅。

我不是在炫富，而是想告诉大家，这些肉眼可见的财富并不是我所追求的，这些东西只是《布局人生》后一个量化的结果。如果我的母亲能够重新活过来，我愿意拿我所有的财富去交换。人生的意义是什么呢？人生到达巅峰的目的是什么呢？不就是保护自己所爱之人么？

过去的 6 年时间，我巡回全国 238 座城市做演讲，每个月飞 20 座城市，全年演讲场次超过 1000 场，累计影响百万人，被很多人尊称为 90 后创业导师。如今的我早已实现了财务自由，但我依然布局人生，给自己定了一个更长远的目标：让更多人学会布局人生，帮助他们早日实现自己的梦想。那么现在，就让我们一起踏上布局人生，通往财富自由之路吧！

目 录 —————— CONTENT

序　战胜命运……………………………………………………1

ONE　规划人生　改变思路才有出路……………………001

第一节　如何将自己培养成 U 盘型人才………………002
第二节　把握每一个自我展示的机会……………………011
第三节　建立个人品牌……………………………………020
第四节　成为别人的"不二人选"………………………026
第五节　从"领导"角度思考问题………………………033

TWO　时间管理　如何与时间相处………………………040

第一节　如何与时间做朋友………………………………041
第二节　设计自己的工作流程……………………………048
第三节　细节与行动决定效率……………………………055
第四节　有效的时间管理法………………………………062
第五节　高效人生是时间管理的目标……………………069

THREE 演讲力 如何说出我世界 ……………… 076

第一节 高效的沟通可以事半功倍……………………… 077
第二节 灵活处理突发状况转危为安…………………… 085
第三节 方式比内容更重要……………………………… 093
第四节 多变的语调提升演讲魅力……………………… 099
第五节 坚定信念，提升自信…………………………… 106

FOUR 学习力 让知识成功变现 ……………… 112

第一节 每年的150个小目标…………………………… 113
第二节 利用碎片化的时间提升自我…………………… 119
第三节 看清坐标，持续努力…………………………… 128
第四节 让自己活得像一支队伍………………………… 136
第五节 与知识赛跑，与时代共鸣……………………… 144

FIVE 布局人生 通往财富自由之路 ……………… 150

第一节 毕业后的第一个五年…………………………… 151
第二节 如何增加自己的收入…………………………… 160
第三节 制定自己的投资策略…………………………… 172
第四节 从财务计划到财务自由………………………… 179

结　　语……………………………………………………… 186

BUJU RENSHENG TONGWANG CAIFU ZIYOU ZHILU

规划人生　改变思路才有出路

在武侠的世界里，真正的领袖都具备这样的特点：融汇百家之长，最终才能成得大器。

第一节　如何将自己培养成 U 盘型人才

当你沉下心来，想要跟过去那个懒惰、拖延、散漫、迷茫和无力的自己告别的那一刻，就是属于你的全新人生的开始。

但是，在开启全新的人生之前，你必须要先问自己一个问题：接下来，你想要成为一个什么样的人呢？

对于刚刚走出象牙塔、步入社会的你们来说，最重要的战场，莫过于职场。所以，你所做出的改变，首先必然跟自己在职场中的心态和状态息息相关。

那么，你打算将自己打造成一个怎样的职场人呢？

前不久，一篇文章刷屏了很多人的朋友圈——《马云的无人超市真的来了，再不努力你将无工可打》。

24 小时营业的无人超市已经降临在杭州，消费者只需要用手机淘宝或支付宝进行扫码，就可以进入无人商店进行购物。店内各种商品应有尽有，和传统的超市几乎一模一样。唯一的区别就是，在这里没有任何服务人员，店内秩序的维持，完全依靠电脑监控，若有人想浑水摸鱼，立刻就会被机器识别出来。因为没有人工的成本，无人超市在成本支出上，只有传统超市的四分之一，店主只需要每天早上自己进行补货即可，一个店主可以管理至少十家无人超市，以北京市超市服务人员 6000 元 / 月的平均工资来计算，无人超市的人工成本只有

600元/月。这就意味着，无人超市的商品价格会比普通超市便宜很多，比如一罐在传统超市卖7块钱的薯片，在无人超市仅售价5块钱。

无人超市的出现，不仅是传统超市行业的巨大变革，也将给传统零售业造成巨大的冲击。比起价格便宜、成本低廉的无人超市，高人工成本的便利店和超市的生存空间将受到巨大的挤压，终有一天会无利可图，成为被淘汰的行业。

科技的发展日新月异，各行各业、每分每秒都在发生不可想象的变化，甚至是变革。

不仅仅是无人超市，各种先进的机器和人工智能的投入使用，正在令整个制造行业都处于巨大的变革之中，无人工厂的实现已经不再是科幻故事，完全机械化的生产过程，已经让大批的流水线工人失业，服务机器人，也正在使得大量的餐厅工作人员丢失饭碗。

时代的发展速度实在是太快了，这意味着没有任何一种商业模式是能长久生存的，这意味着没有任何一个行业是拥有恒久竞争力的，这意味着没有任何一家公司是能长盛不衰的。

这更意味着，没有任何一个人，是可以靠着一成不变的本事生存下去的。

科技的发展，正在让大量的低端工种消失，一个人如果不能提升自己，升级自己，那么，不用等到将来，就在现在，他就要面临越来越少的打工机会，很快，他就将无工可打。这不是预言，也不是科幻故事，更不是危言耸听。

无工可打，这就是现在这个世界上正在发生，并将持续发生的变革！

不论是一种商业模式，还是一个行业，一家公司，乃至一个人，在这样一个每分每秒都在发生翻天覆地变化的世界上，要想获得生存，不被淘汰，持续发展，谋得更好的未来，唯一的出路就是不断求新，求变。

不断提升自我，这已经不是一个从"好"到"更好"的过程，而是一个关乎"生存"与"被淘汰"的重大课题！

在开始布局自己的全新人生之前，我们不妨静下心来好好地想一想，为什么国家、社会和我们的家庭，要在教育事业上花费和投入大量的成本？我们为什么要在学校里接受十几年的教育？这可是我们最宝贵的青春年华。

这么做的目的是显而易见的，就是将我们培养成社会需要的人才。

"人才"这个词，最早出现在《易经》里，它提出了"三才之道"的概念，所谓的"三才之道"，即人才、天才和地才，简称"三才"，由此可见，人才并不是现代才有的概念，早在几千年前，我们的老祖宗就已经开始重视人才的培养和教育了。

当今，科技和社会的发展日新月异，可以毫不夸张地说，这个世界每一天所需要的人才，都是有所不同的，都是有所提高的。时至今日，社会竞争日趋激烈，国家和企业的高速发展，虽然给人们带来了各种各样的机遇，但"优胜劣汰"的残酷法则也变得更为突出，更高速的发展直接导致对人才的需求高度等比增长。一方面，国家和企业对人才的需求与日俱增，供不应求；另一方面，大量的应届毕业生为了谋求一份工作而争得焦头烂额，一职难求。导致这种矛盾和困窘现状的直接原因，是供求双方对"人才"的定义有着巨大的鸿沟和落差。

这驱动着每一个参与竞争者必须要不断提升自己，使得自己真正成为国家和企业需要的人才，并且，驱动着人才向广泛、多元、高、精、深的方向不断发展。

看到这里,我想很多读者都已经开始觉得不耐烦了,所谓的"广泛""多元""高深精",听起来都太抽象,太空泛了,人人都知道,要想获得更好的工作,就必须要让自己变得更强,可究竟该怎么具体操作,才能让自己变强,符合这个突飞猛进发展的时代的需求呢?换言之,这个时代究竟需要的是什么样的人才呢?

对于这个问题,我可以用一个非常贴近生活的比喻做出回答——**当今这个时代,最稀缺的人才,是U盘型人才。**

2013年,资深媒体人罗振宇先生,在他的著名互联网知识脱口秀节目《罗辑思维》中,向"80后"和"90后"的年轻朋友们分享生存困境的解决方案时,提到了一个词——"U盘化生存"。

何谓"U盘化生存"?罗振宇先生用了非常生动而简练的语言加以概括,那就是——**自带信息,不装系统,随时插拔,自由协作。**

由此,我引申出了"U盘型人才",对于正处于职场新人期和上升期的"90"后和"80后"的年轻人来说,将自己打造成一个U盘型人才,能极大程度地确保自己能在激烈的职场竞争中立于不败之地。

那么,U盘型人才应该具有怎样的专业素养呢?

在详细解释之前,我想先引用一句马云先生的话,因为这句话的含义,刚好是对U盘型人才的一种诠释,他说:"**在武侠的世界里,真正的领袖都具备这样的特点——融汇百家之长,最终才能成得大器。**"

其实,马云先生自己本身就是一个U盘型人才的完美范例,在创办阿里巴巴之前,他曾经从事过很多风马牛不相及的工作,比如说做英语老师、管理、翻译等,但这并不妨碍他踏入电子商务并成为行业中的领军人物。马云先生很多的下属员工,也都属于这一类人才,最典型的当属他身边的"十二罗汉"之一的蔡崇信。

蔡崇信原本是耶鲁大学的法学硕士，曾经担任过瑞典某风险投资公司的副总裁，在进入阿里巴巴之前，他根本没想过自己有一天会踏入电子商务行业。但即便如此，他在投入到电子商务领域之后，依然在短时间内就取得了亮眼的成绩。

也许，行业和行业之间确实存在巨大的差别，但一个人在跨入一个行业之后，从陌生到熟悉，从不懂到了解，从了解到深入，从深入到专业，这个学习和摸索的过程，却是放诸万事皆准的不二法门。一个人，只要具备了学习的能力，那么不管他从事任何行业，都能迅速找到诀窍，成为精英。

说到这里，相信聪明的读者已经理解了我的意思，要成为一个职场需要的U盘型人才，你首先必须要具备优秀的学习能力，这就意味着你能迅速投入一个全新的领域，并取得建树，这更是极其重要的适应能力。

简而言之，一个真正的U盘型人才，他就像一个U盘一样，靠着自身出色的学习能力和素养，无论身处什么样的环境，无论从事什么样的行业，无论到了哪个公司，都能迅速地适应环境，最大限度地发挥出自己的优势，成为整个公司运作系统中，不可或缺的一部分。

那么，该如何将自己打造成一个合格的U盘型人才呢？

1. 不是取长补短，而是扬长避短

前文提到U盘型人才的第一个要点，就是自带信息，那我们的脑子里应该自带什么样的信息呢？

很多人可能会误以为所谓的"U盘型"人才，必定是一个全才，实际上并非如此。所谓尺有所短，寸有所长，我们每个人都有各自的优点和缺点，从小老师总是教导我们要取长补短，但这一点在生活和工作中并不实用。

用现在网络上流行的段子来打个比方：如果你生来就是一个武士，为什么要强迫自己去修炼法师的技能呢？作为一个初级武士，你可以花时间逐渐修炼成为中级武士，甚至是高级武士，但花费同样的时间和精力，你未必能成为一个初级的法师，因为这根本就不是你擅长的领域。

所以成为U盘型人才的第一步，就是深度探索自己喜欢和擅长的事物，将自己培养成为这个领域的专业人才。一个真正的U盘型人才，一定要是能够分得清主次轻重的，他们会用大部分的时间和精力来做自己专长的事情，而其他小部分时间，才用来涉猎其他领域的知识。

因为，将你喜欢的东西从不懂到精通，这本身就是一个完整的学习过程，你只有彻底地精通了一样东西，才能总结整个学习过程中的经验和错误，提炼出最适合你的学习方法。这样，当你日后要去学习和了解另一个全新的事物时，你虽然是一个新手，但却是一个有着超强"武功"基础的新手，比起那些跟你同样起点的人来说，你会更准确地找到学习的诀窍，用最精确的方法，快速地学有所得，令自己具有更大的竞争力。

众所周知，沃尔玛是全球最大的综合商品零售商，沃尔玛超市几乎遍布全世界。这样一个国际大企业是有雄厚的资金和实力的，那为什么沃尔玛公司不去开发房地产？不去运营广告公司？沃尔玛并不是没有能力这么做，而是这样必定会分散其在主营业务——零售业上的投入。

如此庞大的国际企业尚且如此，何况一个普通人。

我们每个人的时间和精力，都是有限的，将注意力分散在不同的事情上，每件事的精力就会因为分散而变弱，最终可能什么都做不好；倒不如在同一个时间段里，把所有的注意力都聚焦在一个方向上，专心修炼自己擅长的专业技能。《鬼谷子》有云：欲多则心散，心散则志衰，志衰则思不达，说的也是这个道理。

同样一件事情，你能用更短的时间，做得比其他人更好，就是你的竞争优势所在。仔细想来，所有厉害的人物，也不过是将一件简单的事情，做到了极致而已。

2. 以"不变"应万变

大概在十几、二十年前，手机还只有彩屏和黑白屏之分，功能也仅限于打电话和发信息，更先进一些的手机，也无非就是自带一些诸如贪吃蛇之类的单机小游戏。那时候，手机行业的巨头还是诺基亚和摩托罗拉，诺基亚新款的带摄像头的高像素手机，对学生党而言都算是奢侈品。

那个时候，没有人会想到，十几年后诺基亚会渐渐没落，各种智能手机将成为每个人生活中的必备且普通的物品，解决我们日常生活中的绝大多数事情。

同样是那个年代，我们可以通过订阅报纸和杂志来获得信息，每天早上会有送报员将当天的报纸送到家门口；现如今想要看新闻，我们只需要打开手机或者平板电脑，就可以阅读到当天的各种资讯，不但有文字版，还有视频版；不但可以看书，还可以听书。

实际上，每个人所处的环境、生活和工作都是在不断改变的。日子一天一天慢慢过着，我们并没有察觉今天的自己和昨天有什么不同，但猛然回首的时候，却发现，身边的世界不知何时起，已经发生了翻天覆地的变化。

有的时候，这种变化会让人变得焦虑、没有安全感，但与此同时，在这些变化中也隐藏着各种机遇。想成为一个U盘型人才，就要学会在变化中做好准备，未雨绸缪。

U盘型人才的第二个要点就是——不装系统。

长期以来，人们在日常生活中习惯按照大多数人认定的常理和常规来思考问题，逐渐地形成了固定的思维习惯。这种固定的思维习惯，就是装载在我们大脑中的系统。

想要成为U盘型的人才，我们就必须跳出大脑系统的惯性思维限制，学会从不同的角度分析和思考问题。

当我们去思考一件事情的时候，不要从我们的惯性思维中去提取信息，而是要像一个U盘一样，从这件事情本身作为出发点，收集相关的信息，进行整合和分析，得出最精准、最与时俱进的结论，而不要让惯性的思维方式阻碍了我们的思考，因为"习惯"这个东西，恰恰是与这个日新月异的时代不符的东西。

以"不变"的思考方式，去应对"万变"的世界，这就是U盘型人才的素养。

3. 良禽择木而栖

U盘型人才除了能够让我们更有效、更精确地应对工作，更能让我们将工作和生活区分开来，在两者中间自由转换，游刃有余。

在我们父母辈的人所处的时代，工作几乎都是铁饭碗，是终身制的，他们那一代人，几乎都是将一份工作从年轻做到老，尽管他们可能一辈子都是一个小小的公务人员，但却没有失业的风险。

但如今这个时代，铁饭碗已经不再流行，一辈子一成不变、20岁就能看到60岁的人生，已经不符合这个时代的年轻人的理想，更无法为这个社会创造足够的价值。现如今，越来越多的人意识到，工作的本质是一种交换关系，我们付出专业能力为集体或公司创造价值，对方则支付相应的薪水和待遇给我们。

那么，想要得到更好的薪水和待遇，唯一的途径就是成为一个对企业有用的人。

上文提到，当代的企业，面临的是日新月异的挑战，为了应对这些挑战，企业必须每时每刻都求新、求变，对应的，企业对人才的需求也是不断变化的。一项技能，可能今天还是企业所需要的，明天就已经成为故纸堆，不再值钱。

针对这种情况，作为个体，我们在不断精进自己的学习能力、不断汲取更新的养分的同时，更重要的是要跳脱出"职场"的环境，不再以一个"求职者"或"职场人"的眼光去看待自己，甚至不需要用老板的评价去断定自己的价值，而是要将自己打造成一个"手艺人"，要让自己具备"手艺人精神"，以一个"手艺人"的心态与企业合作，自己对自己的成长和价值负责。

中国有句古话说——良禽择木而栖。

一个真正有能力的人才，他永远保持着活力，永远在不断地汲取知识和养分，他在某一领域有着"手艺人"般的技能，对自己有着几近苛刻的高标准，没有人能够否定他的价值，因为他永远都在改变，不断给予自己更高的要求，永远都在学习和成长。

这样的"职场人"，他的价值不取决于老板，甚至也不取决于企业，而只取决于他自己。当他的成长速度超越了企业，他必然就会寻求更高的平台，这无关忠诚二字，而是对自己的价值负责，良禽，理所应当飞翔在更高、更广阔的天空，而更好的报酬和待遇，则是与之配套的附属品。

读到这里，相信聪明的读者已经明白了，所谓的"随时插拔，自由协作"，其目的并不是所谓的通过不断的跳槽来获得自我提升，而是秉持着手艺人的精神，将自己打造成更好、更强的人才，不依靠别人的评价和眼光来获得自我价值，而是将自己的命运牢牢地掌握在自己的手中。

精通一件事物，获得恒久的学习能力，既要不断提升自我，又要精准捕捉时代需求，不断求新求变，既要寻找栖息之木，又不会完全依附于一木。这就是难能可贵的"U盘型人才"。

第二节 把握每一个自我展示的机会

刚刚步入社会的年轻人，可能会抱着这样一种天真的想法，认为只要在自己的岗位上，勤勤恳恳地做好本职工作，就能得到相应的回报，赢得上司的肯定。如果你相信这种"天道酬勤"的说法，那么不妨请你回想一下，那些在学校中深受导师喜爱和重视的同学，那些在公司中屡屡得到晋升的同事，他们可能根本没有你勤快。他们能完成的工作你也完全可以胜任，甚至可能比他们做得更好，可为什么他们总是比你更受导师的重视，比你更受上司的青睐，在机会来临的时候，明明能力更出众，做事更勤快的你，为何总是会落入下风呢？

你是不是也曾在私下里委屈地跟朋友抱怨，你的导师和上司有眼无珠，比起更卖力干活的人，他们似乎总是更喜欢那些油嘴滑舌的人？

如果以上这些事情你都经历过，那么现在请你停止抱怨，因为，一个人既然能成为导师，成为一家企业的领导者，他必然有着过人的能力和眼光，我有理由相信他们不会放弃真正有能力的人，而去选择不能为自己创造价值的人。

那么，他们为什么总是看不到你的努力呢？这才是你应该沉下心来好好去思考的问题。

如今，我们生活在一个竞争激烈的时代里，想要做出一番事业，努力的过程当然是必不可少的。但在此之前，无论是在学校里，还是步入社会，走向工作岗位，要想让人们认识你、接受你，并认可你，首先你必须要具备自我展示的能力。

当你从走出校园踏入社会，战战兢兢地向用人单位递出第一份简历开始，自我展示，就是你人生中必须要攻克的头一个课题，从此以后，你所置身的每一个场合，都将是你展示自我的重要舞台。

除了埋头刻苦地掌握过硬的专业技能和职业道德之外，你更需要牢牢把握住每一个展示自我的机会。

很多人觉得，爱表现显得不够谦逊，太招摇会给自己惹来麻烦，但倘若你一直压抑着自己，遮掩着自己，你的才华和志向就很容易被忽略，即便你的能力再出众，你的表现再杰出，都很可能被埋没。正所谓酒香也怕巷子深，想必这个道理大家都懂。修炼完美的内在、提升专业技能固然很重要，但是如果不懂得如何展示，你很可能在一开始就失去了同别人竞争的机会,又如何去施展自己的才能呢?

当然,自我展示并不是"王婆卖瓜,自卖自夸",相反,让大家对你有真正理解,对你的能力有一个准确的认识,真正具有慧眼的伯乐,才能够将你安放到正确的位置,让你去充分发挥自己的才干,进而推动你的事业和梦想,向你期待的方向稳步发展。

在获得成功之前,我们每一个人都是那样的渺小和不起眼。如何给自己争取一个机会,如何在成百上千的求职者中脱颖而出,让自己的才华和抱负有一个可以展示和发挥的地方,让那些独具只眼的高管和领导在短时间内,就从你身上看到他们渴求的潜质,甚至看到你自己不曾发现的优点,这些都是你必须要去思考的重要问题。

1. 外表是第一印象

我们从小就被家长和老师告知,要重视内在美,千万不要以貌取人,无论是家庭教育,还是学校教育,皆是如此。但这一点却误导了我们好多年,俗话说得好,你永远没有第二次机会给别人留下你的第一印象。

当今这个时代,科技和社会的变更日新月异,那些用人单位的 HR 人员,他们每天要面试很多人,平均到每一名求职者身上的时间都非常有限,如何在这样短的时间里让人记住你,如何将你满腹的才学和知识都表现给对方,难度是极其大的。

但是有一件事,你只要做好了,必然会给 HR 人员留下非常好的第一印象,没错,那就是打理好你的外表。

我可以非常负责任地告诉各位读者,我认识的人很多,甚至是绝大多数 HR 人员,他们都是以貌取人的!

别人对你第一眼的印象,就决定了他愿不愿意继续去了解你的内在。一个来参加一场重要面试的人，如果他连自己的外表都懒得打理，那么他对这份工作的尊重又能有多少呢？

得体而适当的装扮，是你为 HR 人员进行的第一段表演，可以说，这是你的开场舞，它直接决定了身为观众的 HR 人员对你的第一印象，也决定了他是否有兴趣观看你接下来的表演。

与内在的知识、能力和道德相比，注重外表同样不容忽视，这是很多自认为才学过人的年轻人最容易犯的错误。

很多人可能会说，"身体发肤，受之父母"，我们该如何改变自己的外表？难不成真的都去整容？其实，这里所谓的外表，指的并不是我们的容貌美丑，身材胖瘦，而是指衣着打扮和仪容仪表两个方面。

现在很多大学生，喜欢标榜自己的个性，觉得衣着服饰自己喜欢、穿着舒适最重要，他们有的很中意休闲运动服，有的喜欢文艺风，还有的偏爱招摇另类的服装，当然，在学校里，这样的着装打扮，都无伤大雅。但是一旦走出校园，这就是影响别人对我们第一印象的第一因素。

比如此刻正是炎炎夏日，有的姑娘喜欢穿着背心热裤人字拖，这样的装扮去上课或者逛街都很好看、舒适，但是在所有人都穿着比较正式的办公室，这样的着装打扮，就显得十分的轻佻和不稳重。上司又如何会放心把重要的工作，交给一个着装都不甚上心的人？

穿着得体，就是我们应该注意的第一个方面，也是基本要求。你可以不用每天都穿衬衫西裤的正装，但至少要做到干净整洁，就算你不会穿着打扮，至少也不要犯一些基本的错误，把你最职业的一面呈现给别人。要做到穿着得体准确，其实办法有很多，书报亭上常见的职场报刊上，都有关于职场衣着搭配的专题，甚至更简单一点，你打开互联网，搜索"职场穿搭术"等关键词，就会得到大量的帮助信息。

认真打理自己，这并不是小题大做，相反，第一眼的好印象非常重要。试想一下，如果你自己是领导，你会愿意用一个第一眼看上去就很邋遢的人吗？你可以放心地把重要的任务交给一个连自己形象都不在乎的人吗？你愿意这样一个不修边幅的人，去代表公司接待客户和合作伙伴吗？

想必此时的你心里已经有了答案，所以，赶紧开始行动起来吧。

至于仪容仪表，虽然和着装也有着一定的关系，但其关键在于一个"仪"字，是一个人的形体、容貌、姿态、举止、服饰、风度等诸多方面的综合体现。而在仪容仪表方面，除了我们平时强调的面部头发和指甲等处要修理干净之外，更重要的是保持微笑。

微笑可以说是人们对美好事物的表达，以及愉悦心情和积极情绪的展现，微笑同样也是礼貌与修养的外在表现。微笑更是一种情绪语言，它可以充分表现出理解和关心，拉近我们与同事、领导甚至是陌生人之间的关系。试想一下，有谁愿意成天面对一个愁眉苦脸、苦大仇深的人呢？

与人交往的时候展露微笑，可以表现真诚友善；工作的时候保持微笑，可以表现出恪尽职守，不因为个人情绪影响工作；在会议上发言或者演讲的时候微笑，可以表现出自信，同时也可以帮助自己缓解紧张的情绪。微笑有着非同寻常的魔力，蒙娜丽莎也是因为她神秘的微笑才流传于世。也正是因为微笑带来的各种正面影响，所以很多企业尤其是服务行业，都推出了"微笑服务"，让微笑成为人们日常生活中的习惯。

捷克著名小说家米兰·昆德拉在他的小说《不能承受的生命之轻》

中写道：卡列宁，他的微笑能持续多久，生活的主题就能持续多久。

微笑，于卡列宁来说如此重要，于我们每一个人亦是如此。所以，无论何时何地，不要吝啬你的微笑。

微笑是你自我展示时最简单也是最有效的武器。

2. 因时制宜是自我展示的关键

给别人第一眼的印象固然重要，但是想要展现自己最优秀的一面，言谈举止得当同样也是非常重要的。你可能不如别人那样伶牙俐齿，懂得如何八面玲珑地社交，但是你可以去更深层次地挖掘自己身上的优点，扬长避短。

当然，能够充满深度地陈述一件事情，用最短的时间抓住重点，找到突破口，这确实很厉害，也很容易吸引别人的目光，但是任何一件事情都有两面性。如果自我展示得不合时宜，很可能会得到适得其反的效果，自我展示中最重要的一点，也是难把握的一点，就是**切合时宜，恰到好处**。

有"诗豪"之称的唐代著名文学家刘禹锡，进士及第，前半生官运亨通，曾任监察御史之职。贞元二十一年正月，唐顺宗即位之后，刘禹锡因其才华颇受器重，被任为屯田员外郎，并和其他官员一起参与了革新运动，却没想到因此触犯了大官僚集团的利益，遭到了他们的联合反对。革新失败之后，刘禹锡等八人被贬为远洲司马，也就是历史上著名的"八司马"事件。

十年后，刘禹锡终于被朝廷"以恩召还"，回到了长安，为了表达自己的政治观念，他当即做了首诗《玄都观桃花》，因其中"玄都观里桃千树，尽是刘郎去后栽"两句，暗讽了依靠阿谀奉承起家的新权贵们把京城搞得乌烟瘴气，惹怒了当权者，刘禹锡再次被贬出京。

时隔十四年后，刘禹锡再次奉召入京时，这一次他再次作诗一首，在《再游玄都观绝句》中写下了："种桃道士归何处？前度刘郎今又来"，因此诗，他第三次被贬出京。

刘公的才华不容置疑，他不畏强权地坚守自己信仰的气节令我们佩服，但是从自我展示的角度来看，刘公却给我们树立了一个自我展示典型的反面案例——即不合时宜地展示自己的才华和观点。

职场如战场，很多时候，我们并不具备跟敌人硬碰硬的实力；很多时候，如果我们一味往前冲，无异于以卵击石，撞得头破血流。

中国有句俗语说"前途是光明的，但道路是漫长的"，古往今来，任何成就了一番事业的人，皆不是一帆风顺，总是要经过各种各样的挫折。为了达成一个目标，迂回前进，以退为进，韬光养晦，都是必不可少的方式。

如果刘公当时不那么急于表现自己对那些无能的新晋权贵的厌恶，也许不至于三起三落，如果刘公仍旧能留在京城任职，也许也能多少牵制朝中的奸佞之臣。但刘禹锡不懂得韬光养晦，他不合时宜地展示自己，发泄自己的情绪。这种行为正是以卵击石，不仅令自己错失了做一番事业的机会，也使得当时朝中失去了一位气节高尚的忠臣。

3. 真诚是自我展示的灵魂

自我展示也是一项技术活，展示的内容和方向不对，就会被别人误以为是故作姿态。但如果不让别人看到自己的优点和内在品质，也有可能因此失去很多竞争的机会。

相信有一部分人天生就有自我展示的天赋，他们总是能够在任何人面前落落大方，侃侃而谈。也许他们并不足够漂亮，但他们一出场就仿佛自带光芒和背景音乐，只要他们一开口，就能吸引所有人的目光，他们的举手投足之间总是有一种优雅且从容的气质。而你总是被他们的光芒所掩盖，永远活在无人问津的阴影里。

而有的人却截然相反：他们也许觉得自己很平凡，丢在人群中连自己的都找不出自己来；他们觉得自己经常被忽略，从来没有人会在意自己的感受；他们也许觉得自己根本不善于沟通，内心充满了"只能等待"的焦虑和无奈。

为什么会这样？真的是他们本身很差劲吗？

当然不是这样的。事实上，我们每个人都是平凡的普通人，天才的诞生是极其稀有的事件，并不是每个人生来就如此自信大方、光芒万丈，那些八面玲珑的人，他们在别人面前表现出的光芒和自信，其实都是可以通过后天训练来得到的，这一点我们会在第三章详细地叙述。

然而，唯独有一种品质，是无法通过训练来实现的，那就是真诚。

无论是性格还是外貌，又或者是专业能力，每个人都有缺陷。很多人希望自我展示的时候，能将自己的缺陷掩饰掉，因此他们努力地去回避提及自己的缺陷。当然，适当的掩饰并没有什么太大问题，正所谓扬长避短，但是过分的掩饰则会适得其反。

比如说一个本身皮肤黝黑的女生，如果为了掩饰自己的肤色，上妆的时候，故意用颜色较浅的粉底来掩饰，反而会让别人更加觉得她脸上的肤色和身体其他部位"黑白分明"，这时候正确的做法是，使用与自己肤色差不多的粉底提升肤质，比起刻意掩饰肤色，坦诚地面对自己，要自然许多。

还有的年轻人，听到别人提出一个问题，生怕失去了表现的机会，不管自己是否真的对这个话题有深入的研究，都抓住机会大谈特谈，这种不懂装懂的行为，不但无法展示出自己的优点，反而令人厌烦，尤其是在长辈或者知识渊博的专业人士面前，更显得是在班门弄斧，自曝其短，这绝对不是正确的做法。

没错，人生短暂，一辈子能遇到的机遇屈指可数，而且时间和机遇从来都不等人，每个人都想把握好每一次自我展示的机会，抓住转瞬即逝的机遇，但是，如果走入自我展示的误区，不但会和机遇失之交臂，反而可能会破坏自己原本辛辛苦苦建立的好形象。

很多人自我展示时，走入的最大的误区，就是从来都不肯真诚地承认错误。他们明明知道自己做错了，却仍旧硬着头皮死不认账，而且不停地为自己的错误找无数个借口，与指责他的人辩论到底，这样不但会让别人觉得你蛮不讲理，还会使你的形象分大打折扣，更令人不敢再将重要的工作交给你。

子曰：人非圣贤，孰能无过？连孔子这样的圣贤之人，都敢于大方地承认自己的过错，更何况是我们呢？面对自己犯下的错误不否认，用实际行动来挽救错误，远比死不承认要来得真诚，也会显得自己更有担当和责任心。

与很多自我展示的技巧相比，自我展示中，最缺乏的是真诚的态度。一个真正懂得展示自己的人，应该是保持自我本色，而不做作。我们每个人都有专属于自己的内在气质，这才是最宝贵的，不应该也不需要为了迎合某些人物或者场合，而放弃自己的内在特质。

拥有美好的内在和独特的个性，可以使你变得更加自信，由内而外地散发出与众不同的气质，比任何不切实际的言语更能打动人心。

第三节　建立个人品牌

美国管理学者彼得斯曾经说过，**21世纪的工作生存法则就是建立个人品牌**。相信大家都听说过公司品牌和产品品牌，但很少有人会花时间去思考所谓的"个人品牌"，实际上，想要在职场中脱颖而出，塑造属于自己独特的个人品牌也是至关重要的。

自1995年起，连续十三年成为《福布斯》全球富翁榜首富的比尔·盖茨，在世人眼中不仅是世界级的企业家、科技先锋，还是人格高尚的慈善家，无论在任何场合之下，他的言谈举止之间，都散发着优雅淡定、自信从容的气质。

很多人不知道，比尔·盖茨曾经也是一个非常腼腆的小伙子，他永远穿着肥大的深色西装，带着玻璃瓶底厚的眼镜儿，和我们在实验室常见的码农和宅男并没有什么不同。

为了打造个人品牌，比尔·盖茨花费了不少的财力和物力，他雇用最好的演讲稿撰写人，各种活动的策划人，顶级的摄影师以及高级的公关经理和营销专家。之后，比尔·盖茨的个人品牌和首富的身份，给微软企业提供了一个响亮的金字招牌。

连世界首富都如此重视个人品牌的建立，我们这样不起眼的小人物就更应该重视起个人品牌的打造。虽然我们不是比尔·盖茨，也不可能像他那样花重金做到面面俱到。但是，我们也可以打造专属于自己的小小个人品牌。

实际上，我们在面试时做的自我介绍，以及给公司的 HR 投递的个人简历，都是属于个人品牌建立的一部分。

所谓品牌，官方给出定义是一种识别标志、一种精神象征，又或者是一种价值理念，总而言之，品牌是品质优异的核心体现。如果说有什么东西，能让你在激烈竞争中立于不败之地，那必然是品牌。

1. 诚信是个人品牌立足的根本

相信这样的情节大家并不陌生：无论是在影视作品里，还是在现实生活中，经常会看到很多地方都要拜关羽关二爷，无论是做生意的商人，还是电影里黑白两道的人物，皆不能免俗。可历史上有那么多有名的英雄人物，为什么不拜别人，偏偏要拜关二爷呢？

那是因为关二爷忠勇信义俱全，他身上有人们希望看到的最难能可贵的品质。

现在虽然已经不是封建社会，不需要上战场浴血杀敌，忠勇义也许在日常生活中表现得不那么明显了，可唯独一个"信"字，仍然是我们在社会上、职场上立足的根本。

诚信已经是一个老掉牙的词汇，从我们上小学开始，就被教育要做一个诚实守信的人，可恰恰是因为从小到大都被反复教育，反而并不被人真正地重视。随随便便许下的承诺，往往没过多久就忘记了，因为随口就答应下来的事情，往往本身就不是很重要，但值得一提的是，越是微不足道的约定，反而越要遵守，这是树立个人品牌的第一步，也是必不可少的步骤。

早在《吕氏春秋·贵信》中，古人就提到了重信的重要性：

君臣不信，则百姓诽谤，社稷不宁；处官不信，则少不畏长，贵贱相轻；赏罚不信，则民易犯法，不可使令；交友不信，则离散郁怨，不能相亲；百工不信，则器械苦伪，丹漆染色不贞。

夫可与为始，可与为终，可与尊通，可与卑穷者，其唯信乎！信而又信，重袭于身，乃通于天。

这段话大致的意思是：如果君臣、官员失去了诚信，赏罚也就失去了诚信，人民互相轻视，百姓更容易犯法，造成国家动荡不安；如果交友没有诚信，就很可能会离散怨恨，无法互相亲近；如果工匠失去诚信，制作器械物件的时候，就会使用不纯正的丹、漆等颜料和材料，粗劣作假。

唯有诚信，才可以使人们一同卑微困厄，一同尊贵显达，诚信是唯一从始至终都应该遵循的原则。只有将诚信牢记于心，切身地贯彻到底，行事的时候才能得到所谓的天的助佑。

由此可见，古人对"重信"重视到了何等的程度。"言必行，行必果"，"人以诚为本，以信为天"，诚信向来是中华民族的传统美德，也是中国传统文化基因中必不可少的一部分，历史上也有很多诚信的故事，远至唐太宗李世民以诚信治理国家，开创了大唐贞观盛世；近到毛主席信守还书期，无论大事小事，国事家事，事事都离不开一个"信"字。

20世纪80年代中期，海尔集团从德国引进了世界一流的冰箱生产线。投产一年之后，用户反映海尔冰箱存在质量问题。海尔公司处理好售后问题之后，随即对全厂的冰箱进行了检查，直接砸毁了库存中有瑕疵的七十六台冰箱，即使这些瑕疵并不影响冰箱的制冷功能。海尔绝不售卖有缺陷的不合格产品，在当时社会上引起极大的震动。也正是海尔集团秉着这种诚信的观念，才使它逐渐发展成为今日的规模，成为国产电器制造企业中的佼佼者。

为了打造个人品牌，君王将相尚且如此，个人又有何理由推卸？我们更应该把"信"字作为自己在社会上立足的根本！

子曰："言忠信，行笃敬，虽蛮貊之邦行矣；言不忠信，行不笃敬，虽州里行乎哉？"

2. 品牌不单单是外表

很多人提到打造个人品牌，第一时间就会想到需要设计自己的形象。尤其是计算机互联网的日益发展和兴起，网络上出现了一种新兴的人类，他们的名字叫作"网红"。

每每提到个人品牌的打造，很多人就会把个人品牌和这些网络红人联系起来，觉得想要打造个人品牌，一定要在外表上下足功夫，因此很多人花费了大量的时间、精力和财力在"买买买"的路上越走越远，任何东西都要追求"明星同款"和"网红同款"。即便如此，他们仍然没有把自己的个人品牌推销出去。

在本章的上一节中，我们确实提到了外表的重要性，但是打造个人品牌，仅仅注重外表是远远不够的。不可否认，很多成功塑造了个人品牌的大人物，都有专属于自己的着装大牌，譬如美国苹果公司联合创办人以及前行政总裁——史蒂夫·乔布斯（Steve Jobs），他出现在大众眼前的时候，总是穿着三宅一生黑色高领毛衣，和LEVIS深蓝色牛仔裤以及新百伦运动鞋。而他在台上演讲时充满自信的睿智模样，也已经深入人心。

除了乔布斯之外，很多著名人物也有专属于自己的固定着装，比如美国总统奥巴马出现的时候，总是蓝色或者灰色的西装；Facebook 首席执行官扎克·伯格，每天都穿着同样的灰色 T 恤；香奈儿的创意总监拉格菲尔德出现在公众场合的时候，总是穿着时尚的衬衫西装，搭配时尚的领带，总是一副最酷炫的模样。

没错，外表和着装可以说是一张立体的个人名片，一个人的着装打扮立显出她/他的性格和气质，但如果乔布斯没有傲人的才华和能力，就算他的外表再耀眼，也没有人知道他是谁；穿着黑色和蓝色西装的人也不只有奥巴马，但唯独他的装扮被人牢记于心。甚至于那些被人铭记的网红，外表只是其锦上添花的一部分，撑起他们外表的，是与众不同的个性、才华和能力。

世界上外表和着装出众的人并不在少数，但真正的"网红"也只有那么寥寥的数十人、上百人，内外兼修才是真正让他们个人品牌立足的根本，个人素质才是个人品牌的核心价值所在。失去了这两点，个人品牌就算一夜爆红，崩塌也是早晚的事情。

奥巴马和乔布斯他们也都曾提到过，他们选择几乎差不多的着装，并不是因为他们没有能力购买更多的服饰，而是这样可以使他们的生活更加简单，不需要在这些小事情上面浪费更多的时间，这一点是非常值得我们在打造个人品牌时借鉴的。

因此，寻找到适合自己的风格，并把这种风格贯彻落实到底，其余的时间可以花费在修炼自己的专业技能上面，这样才是更明智的做法。

3. 品牌即人品，务实是重中之重

有些人努力工作，业绩突出，但是在同一个岗位任职很多年，始终得不到高层领导的赏识和提拔，相信职场上这样的人并不少见，有

的人可能会说这肯定是他们不会"溜须拍马",于是,他们把打造个人品牌和"溜须拍马"画上了等号,还有的人认为打造个人品牌一定要靠"自我吹嘘"才能实现。

"溜须拍马"也好,"自我吹嘘"也好,跟我们所说的打造个人品牌,根本不是一回事,打造个人品牌讲究的是**务实的态度**。

如果你不知道如何打造个人品牌,不妨从大的方面想一想,如果想要组建一个新的团队,开启一个新的项目,我们需要具备什么样的人才,这些人才又需要具备什么样的技能、专业知识和职业道德。

讲到这里,想必很多人心中已经有了一个大致的概念,没错,个人品牌的价值,主要体现于这个人的专业技能和道德素质两个方面。而这两者都不是短时间内可以一蹴而就的,相反,需要长时间的坚持和积累。因为个人品牌并不仅仅是一个人设,而是一个人由内而外综合素质的体现。

首先,在专业技能方面,打造个人品牌不一定要做到完美无缺,当然也不可能做到完美,但是一定要尽可能结合他人的需求,呈现出个人独特的优势和与众不同之处,这就要求我们必须要有终身学习的观念。在这个经济飞速发展的时代,技术革命使得知识更新换代的周期大大缩短,如果不坚持学习,很容易就会被时代淘汰,又如何打造个人品牌?

其次,道德素质也是打造个人品牌需要格外重视的一个方面。

很多人觉得,打造个人品牌是为了更好地赚取利润,所以塑造个人品牌应该以"利"为先。这种想法是完全错误的,著名品牌专家谢付亮先生最先提出了"品牌即人品"的概念,人品决定了别人是否认可你;换句话说,只有被人认可,才能塑造出真正的个人品牌。

职场中很大一部分人，在工作了许多年之后，仍旧达不到自己预期的职位和待遇，再也找不到年轻时的豪情壮志，于是，他们开始随波逐流安于现状，而我们生活的社会已经逐步进入互联网和物联网的时代，如果继续这样不求上进，被淘汰也是迟早的事情。与其事后后悔，为什么不从现在开始，脚踏实地地工作和学习，将手边的每件事情做好，在潜移默化中形成好的生活习惯和道德素质。

这并不是在做无用功，相反，滴水穿石，那些遥远的、宏大的目标，也都是从一点点的小事开始做起。当你用务实的态度，把这些细小的习惯都落实到了工作生活中，你的个人品牌也会随之而诞生。

个人品牌能否成功塑造，又是否能够持久，远不是一两次的刻意为之就可以实现的，而是需要长时间的坚持，当你做人和行事的风格以及习惯为大众所接受的时候，也是你的个人品牌塑造成功的时候。

第四节　成为别人的"不二人选"

我们身边可能都有这样一些人，他们看起来并不十分起眼，却仿佛自带魔力一般，总是让人在关键时刻，能立刻想起他们。当然，他们可没有什么魔力，不过他们身上确实有着与众不同的闪光点。

我无法手把手地教你如何成为一个能够救急于水火的能人，但是我至少可以告诉你，成为别人眼中的"不二人选"，应该避免踏入什么样的误区，那些在别人危难时总是会被想起的人，究竟又有什么与

一流的原创稿件孵化基地
专业的图书策划出版平台
强劲的媒体公关宣发渠道

北京三鼎甲文化传播有限公司是国内知名的图书出版服务商,主营图书组稿、策划、出版及宣传发行业务,同时也是原创优质影视IP内容孵化平台。公司总部位于北京CBD核心区,大望路东郎电影创意产业园,年出版图书400余品种。

公司一直秉承"为社会输送优质图书"的企业文化,成立15年来,吸引了江苏省前省委书记韩培信、共青团中央、CCTV栏目组、东方卫视栏目组、"济公"扮演者游本昌、知名KOL等重要客户,共计出版图书四千余品种,覆盖经济管理、成功励志、文学艺术、生活休闲、社会热点、教育教辅、健康养生、人生哲理八大领域,发行网络覆盖全国。

策划发行有《梦想永远不会太晚——"济公"游本昌的智慧人生》《剑桥倚天屠龙史》《秒睡》《招标》《埃隆·马斯克传》《情商高,就是会好好说话》《高情商沟通术》《顶层思维》《布局人生——通往财富自由之路》《优秀的人都会掌控情绪》《全能团队》《快速社交》《香奈儿女孩》《末代枪王》《陕北煤老板》《年华烟然》《商道与女人》等一众超级畅销书。

业务范围: 稿件撰写、出版发行、宣传炒作、版权交易、影视改编、剧本创作

出版咨询热线

总裁办〔总编室〕:13426238818 010-65211700
邢老师微信二维码见下图

编辑部〔创作部〕:17701226847 010-57458148
周老师微信二维码见下图

投稿邮箱: 6156586@qq.com
公司地址: 北京市朝阳区现代城西路东郎电影创意产业园A104栋

三鼎甲书业
当当网上书城
查看已出版图书

微信扫码

邢老师

微信扫码

周老师

微信扫码

众不同之处。

1. 千万不要自我设限

实际上，我们中的很多人的能力并不比那些成功人士差很多，区别在于，很多人在输给别人之前，已经先输给了自己。

以前读书的时候，课本上讲过这么一个实验：

一只跳蚤原本的跳起高度，平均在它身高的一百倍以上，按这种比例来算，跳蚤可以说是世界上跳得最高的动物。

但假如把跳蚤放进一个玻璃罩里，当跳蚤跳起的时候，就会碰到玻璃罩而跌落。反复几次之后，跳蚤就会改变自己的起跳高度，让自己尽量不会碰到玻璃罩。如果继续降低玻璃罩的高度，跳蚤也会继续适应环境，降低自己的起跳高度。这个时候，再把玻璃罩拿开，跳蚤也不会像最初那般跳得那么高了，而是保持在最后一个高度的水准。

现实生活中，很多人跟这只跳蚤并没有什么区别，他们遭遇过一两次失败之后，就开始不停地质疑自己，并降低了自己的预期目标，这就是自我设限。

自我设限通常有两种表现，第一种人，就是习惯于给自己贴上"平庸"的标签，这种人平日里从不主动参与任何活动和项目，做任何事情都非常被动。当然，他们并不是没有梦想没有能力，而是因为他们认为自己"只是个普通人而已"，肯定做不到。

不只是普通人才会犯自我设限的错误，优秀的人也无法避免，他们可能是某个方面或者某个领域的佼佼者，但是他们从来都不相信自己会成为第一，甚至总是安慰自己说，连最厉害的人都做不到的事情，我做不到也是很正常的。他们从来没想过要突破自我，这个领域的第一名就是他的天花板，他永远都止步于此，不敢去尝试逾越。

我相信每个人都有梦想，每个人在遇到挫折和困难的时候，也不可避免地会质疑自己的能力，而很多成功的人与其他人的区别就在于，无论身处什么样的环境，他们始终坚信自己有能力克服任何障碍，即便是遇到更大的挫折，他们也能当成是一座险要的山峰，当作是成功道路上必然要征服的险阻，仍旧努力地向上攀爬。而另外一些人，他们之所以失败，始终在碌碌无为中度过每一天，并不是因为他们没有能力克服，而是因为他们在克服困难之前，就先给自己设了限，并反复地告诉自己：我的能力有限，我肯定做不到。

可想而知，连你自己都不相信自己，又如何让别人相信你的能力，如何成为别人眼中的"不二人选"呢？

我们也见过许多有才华的人，他们内心渴望成功，但都因为自我设限，对自己的能力没有信心，在付诸行动之前就已经先退缩了，只能在抱怨中度过余生。

上天是公平的，每个人都有优点和缺点，每个人也都有潜力，自我设限首先就杀死了自己的潜能，他们像跳蚤一样，在心里给自己默许了一个高度，他们害怕超过这个高度就会碰壁，害怕从高处跌落的后果，于是乎，在迈出通往成功的第一步时，他们就已经堵死了自己的路。

所以，想要成为别人眼中的"不二人选"，最重要的一点就是，千万不要自我设限，不妨在遇到事情的时候，把"我做不到"和"我不行"的心理暗示，换成"相信自己，我可以的"，你会发现原本你害怕的事情，其实并没有那么难。

最坏的结果，无非就是跌落下来，重来一次就好了。

2. 拒绝三分钟热度

可以这么说，世界上百分之九十九的成功，都源于坚持，而百分之八十的失败，都因为半途而废。很多人在接到新任务或者找到新工作的时候，总是斗志昂扬，但是没过几天，最初的那点激情就消失殆尽。他们做事总是三分钟热度，遇到一点障碍就停滞不前，热情顿消，之后便不了了之。试想一下，如果你是领导或者老板，你会选择这样的人去负责重要的项目或者环节吗？

答案当然是否定的。

因为一个对任何事情都只有三分钟热度的人，根本无法给人安全感，别人害怕你会随时撂挑子，或者工作进行到中途的时候，还要另外更换负责人，因此，还不如在最开始的时候，就找到一个可靠的人选来负责。

道理大家都懂，可是做事三分钟热度的现象却极为普遍，为什么会这样呢？其实三分钟热度的原因，也不能完全归咎于自己不够自律。现在社会生活节奏快，大家每天都要同时运作很多的事情，往往这件事情还没做完，就已经有另外更多事情涌入了日程表，到最后我们发现，今天的计划不仅没有完成，还多了更多未完成的事情，久而久之，难免就产生了"虱子多了不怕痒"的心态，不再积极地去做事，而是得过且过，能躲懒就躲懒，这就是典型的做任何事情都只有三分钟热度。

应该如何避免做事情只有三分钟热度的毛病呢？

1984 年，日本东京举办了一场国际马拉松邀请赛，在这场比赛中夺得冠军的选手，竟然是毫无名气、关注度的日本矮个子选手山田本一，这个结果令所有人大跌眼镜。记者充满好奇地采访了山田本一，询问他跑赢那些拥有更好的身体条件的对手的诀窍是什么？山田本一的回答十分引人深思，他说："我是凭着智慧战胜对手的。"

这个回答乍一听十分抽象，似乎很有道理，但仔细一想，却又令人很不得要领，当时，很多人都认为，夺得了冠军的山田本一不过是在故弄玄虚，故意说出这样的答案，吸引媒体的关注。人人都知道，马拉松运动考验的是参赛选手的体能和耐力，并不是什么"智慧"。

一直到十年之后，山田本一才在个人的自传中，详细地解释了"智慧"在马拉松比赛中的作用。在每一次参加马拉松比赛之前，山田本一都会将一路上的醒目标记牢牢记在脑海中，这些标记或是银行，或是酒店，或是大树，等等。等到了正式比赛的当天，当发令枪响起，他就会忘记这次比赛的真正终点，而是将自己事先记录下来的第一个目标地当成是终点，全力以赴地全速朝之跑去。等他到达了第一个做了标记的"终点"后，他会暗暗在心中为自己做调试，再将第二个标记下来的地点当作终点，以同样的方式，冲向第二个目标。每跑到一个目标，他就知道自己离终点又近了一步，就这样，他把四十多公里马拉松的赛程，分解为数个小目标，以最快的速度跑完了。

我们的学习、工作甚至是人生，也像马拉松赛程一样。在工作中，我们做事之所以只有三分钟热度，往往不是因为难度大，而是不知道自己要坚持到什么时候才能成功，准确地说，很多时候，我们不是因为没有能力完成而选择放弃，而是因为距离目标太远，枯燥而无止境的机械重复，渐渐使得我们心生倦怠，并最终失去坚持下去的耐心。

想要克服三分钟热度，不妨在心里给自己的目标设置一个进度条，进度条上刻上分解开来的一个个小目标。当你对自己在做的事情的进度有充分的了解的时候，就更容易坚持下去了。

而当你按照进度条，逐一完成一个个小目标后，不妨适当地给自己一些小奖励，比如一杯喜欢的饮料，或是一块小甜点。然后，带着愉悦的心情，朝着下一个小目标前进。

久而久之，你会惊喜地发现，你已经达成了那么多的小目标，距离终点那么近了，而在别人心中，你也在无形中成了一个自律、有执行力的人，别人在有需要的时候，自然而然地就会把你作为首选。

最重要的是，你会发现这个过程一点儿都不勉强，反而非常愉快。

3. 正视错误的存在

从小到大，我们都有过因为犯错而挨骂的经历，于是，我们总是觉得错误对我们来说，就像是污点一样，是羞耻的，不洁的，且因为害怕犯错，很多人即便渴望被人认可，也始终不敢踏出第一步。

1999年，马云在创建阿里巴巴之后不久，就获得了高盛等国际财团共计五百万元的风险投资。当时马云立马决定将国内的公司总部搬到上海，但马云的这个决策却是一个很大的错误。

因为上海这样的大城市更适合大型国企和外企五百强，而当时阿里巴巴的服务对象主要集中在民营企业，当时，有大量电商需求的民营制造企业和外贸企业，大都集中在浙江，在意识到自己的错误之后，马云重新把阿里的总部搬回了杭州。为此，马云不止一次公开认错，他在2007年的阿里巴巴年会上，直言不讳道："去年虽然很辛苦，但不是我干得最好的一年，甚至还下了很多臭棋。"

马云勇敢地承认自己犯了很多错误，但这并不妨碍他带领着阿里巴巴，一路发展成为国内最大的电商巨头。

工作和生活中，很多事情都是个未知数，即便有固定的程序，也有可能在中途突发意外状况，但是想要获得成功，错误是无法避免的。况且，人生本身就是个试错的过程，很多成功人士也是在不停犯错的过程中，才逐渐找到正确方向的。而且，错误有时候也会带来不一样的机遇。

1886年，美国药剂师约翰彭博顿原本想要发明一种咳嗽糖浆，在调配的过程中却不小心把碳酸水错加了进去，居然被他发明出了可口可乐这种饮料，正是因为这个错误，才使得可乐作为一种大众饮料，在之后瞬间风靡了全球。

想要得到别人的认可，小心翼翼、谨言慎行，并尽量避免犯错，这种做法并没有什么问题。不过，和犯错误相比，那些因为害怕犯错而畏首畏尾，什么都不敢去做的人，才是真正的懦夫，更无法被人认可。

很多人为了尽量不犯错误，在工作的过程中充满前怕狼后怕虎的情绪，总是缩手缩脚，这样不但无法给人带来好印象，反而会显得你毫无魄力，难以担当重任。

正视自己的缺点，胆要大、心要细，既不要怕犯错误，还要经常总结在犯错过程中的经验教训，在失败中成长，才是成为别人心中"不二人选"的正确途径。

第五节 从"领导"角度思考问题

有一些年轻人刚刚步入职场三五年,就已经成为某个部门的领导和负责人,而另一些人,可能在自己的工作岗位上混了十年八年,仍然毫无起色,看不到未来和希望。

一提到领导,很多人总是把他们和"干的活儿少,拿的钱多""颐指气使"和"站着说话不腰疼"等形象联系起来。在日常工作中,我们也会经常听到一些人在抱怨领导,抱怨工作,抱怨同事,他们总觉得领导分配给自己的任务太多,永远都做不完;而领导开出的薪水又太少了;还有的人会抱怨领导总是无法协调各个部门和同事之间的关系,使他们合作的时候总是缺乏默契。

不可否认,员工和领导之间的身份是不对等的,但是做领导也并非我们想象中的那么容易,因为领导和员工各自承担的风险和责任不同。员工可以在上完班之后就回家,不管工作是忙是闲,公司是盈是亏,只要到了时间就能领到薪水,而领导要面对的是整个公司的运营状况,并要承担一切好与坏的后果,他们时刻都不能放松。

领导和员工之间最主要的区别是什么呢?很简单,领导不会等待问题来找自己,相反,他要主动去检查和寻找工作中的各种问题,甚至在问题爆发之前,他们就要将之化解于无形,而且他们关注的问题范围非常广泛,任何跟公司的利益和发展相关的大大小小的矛盾,他们都要去关注。而员工的主动性比领导要低很多，身为一家公司的员工，从被录用的那一天开始，每一名员工就有他自己的职责范畴，他所完成的和即将要完成的每一个工作，都来自上级的安排和指令，所以员工在工作中经常都处于被动的状态，被动地等待工作的到来，被催促和监督地完成工作任务，而对于其职责范畴之外的工作，他们并不需要去关注，本着"各司其职"的原则，大多数员工在职场中都有一种"自扫门前雪，不管别人瓦上霜"的心理。想必升职加薪是每个职场人士的目标，但如何达到这个目标，又如何从一个被动等待和完成工作的低级员工，逐渐成长为一个可以独当一面的人才和项目的领导者，却很少有人真正地思考过。一个人能从普通员工，走上领导的位置，他必然在某些方面有着不可替代性，也肯定在某些专业领域是出色的人才。正确地分析和判断领导的想法，站到领导的立场和高度去审视工作，你将对自己的工作内容有截然不同的理解，也更能分清什么是自己的"分内之事"，什么是自己不该去过问的。做到这些，会令你在职场中过得更加顺遂，获得长足的进步和提升。

1. 培养大局意识

俗话说"不谋全局者，不能谋一域"，要想成为领导，或者能够以领导的立场去审视和判断问题，大局意识是必不可少的。

所谓大局意识，就是不计眼前的得失，不拘小节，把目光放长远，站在全局的高度上观察形势，分析问题。

2001年，被誉为"中国烟草大王"的褚时健已经75岁高龄了，当他保外就医走出监狱之后，却铿锵有力、踌躇满志地告诉别人，说："美国的骑士水果名列世界前茅！给我六年时间，我一定会超过美国佬！"

在很多人看来，这只是他的一句玩笑话而已，因为再过六年，褚时健就81岁了。却没想到他真的来到了云南玉溪哀牢山，一出手就包下了2400亩的山地，打算培育和种植一种高品质的水果——冰糖橙。到了2012年，当84岁的褚时健再一次出现在公众的面前时，他已经从一个阶下囚，再次成为亿万富翁。

记者在采访褚时健的时候，好奇地问到他是怎样做到第二次创业依然获得成功的，他回答得非常大气："干大事就是需要一种大气魄！没有大气魄，万事难成！"

曾国藩曾经说过："**谋大事者，首重格局。**"做事的时候，如果心中没有大格局，目光超不过脚步，总是畏畏缩缩、走一步算一步，终究难有所成，又如何能获得"伯乐"的赏识和重用？

格局不但决定了你的眼界，更决定了你的高度。没有大局意识的职场人，在上升的过程中，一旦遇到大家所谓的"瓶颈期"，就开始纠结不前，很难突破。相反，如果有了大格局观，就会给自己的事业发展制订一个长期的计划，在计划中又不断地拆分出一个个短期的小目标，并在工作中不断去突破自己的目标和极限。他们还会把眼前遇到的困境，当成是一个小小的挫折和考验，让自己的事业顺着大方向，自然地向前发展。

2.观察力和共情能力

《论语·颜渊》有云："夫达也者，质直而好义，察言而观色，虑以下人。"

不知何时起，察言观色已经成为职场上和人际交往中的必要技能。很多人觉得，作为一名员工肯定要学会察言观色，知道领导在想什么，客户在想什么，同事在想什么，就能更好地完成工作。

如果从领导的角度来看，在职场中，观察力确实是一项至关重要的能力。能在众多员工中脱颖而出，最终成为领导信任的左膀右臂的人，都有着平常人没有的观察力。同样一件很普通的事情，他们能从细微处着手，打破常规，从中寻找到机会和机遇。

《三国演义》中空城计的故事大家都已经耳熟能详。当时，魏国派司马懿挂帅进攻蜀国，而蜀国的将领马谡驻守失败。司马懿率兵乘胜追击，直逼西城，当时诸葛亮手下已经无兵迎敌，于是他打开城门，自己则在高楼上弹琴。司马懿怀疑城中设有埋伏，权衡利弊之后，最终选择退兵。待到他反应过来的时候，赵云的援军已经赶到，最终打败司马懿。

实际上诸葛亮之所以能化险为夷，就是因为他惊人的观察能力。他对司马懿的多疑心理和性格软肋有过细致入微的观察，知道他的行事风格，才能借此解除危机，绝境逢生。

这里所谓的观察力，并不单单是看东西，而是透过事物的表象看到本质，并做出有的放矢的决策的能力。一个人的观察力也不是单独存在的，锻炼观察能力，需要掌握大量的专业知识和技能，培养对各种事物的敏感度。

专业能力可以影响一个人观察力的强弱，想必大家都能理解，比如说一个普通人在炒股的时候，看到各种表格数据，并没有觉得其中有什么不妥之处，而一个职业操盘手，就能从这些枯燥而纷繁的数据中，分析出这只股票的优劣和潜力，并从中提取出宝贵的商机。在计算机和网络发展初期，马云因其惊人的观察力，洞悉到电子商务的未来，因此才有了如今的阿里巴巴。

我们常说，机会是留给有准备的人的，而是否能够抓住机会，考验的正是一个人的观察能力。想要站在领导的位置，就必须锻炼和培养自己的观察力。

在职场打拼的时候，很多人认为最难的并不是工作，而是处理工作中复杂的人际关系。而站在领导的角度，如果能梳理和平衡好上级、员工和客户等纷乱的关系，就算不能成为人生赢家，至少也能在职场中站稳脚跟，这就需要具备良好的共情能力。

共情能力，这个词是由临床心理学家罗杰斯提出来的，最初只是用来谈论医患关系的，后来逐渐发展成为所有人之间的关系。拥有较高的共情能力，可以帮助人们积极地建立人际关系。

共情（empathy），又被翻译为移情、同感、同理心等，共情的核心就是我们所谓的"将心比心"，意思就是能够进入对方的精神和内心世界，体验到别人对某些情境的感受，对其他人的情绪具有一定的感受力和理解力。

我们都知道在人际交往过程中，需要相互理解和体谅，才能够成为真正的朋友。当你感觉到被对方接纳、理解和尊重的时候，就会产生满足感和愉悦感。大部分朋友之间的淡漠和疏远，都是因为忽略了对方的感受。

在工作中，有些人总是觉得领导布置的任务，是在拿着鸡毛当令箭，同事参与你所在的项目，是为了表现自己和抢功劳，还会认为下属提出的某些建议，根本就是推诿和无理取闹。而想要真正了解事情的经过，并客观地对待，就需要拥有一定的共情能力。

可以说，具有共情能力的人，一定是能为别人设身处地考虑的人。想要真正站在领导的角度看问题，不妨先提升一下自己的共情能力。

3. 务实的工作态度

职场中还有这么一种奇怪的人存在，他们看起来并不是很聪明，甚至还有些憨傻，像个愣头青一样，他们学东西也很慢，但日子久了，这些人总是会出乎意料地脱颖而出；而另外一些人，明明很聪明，什么事情都一点就透，反而总是在一个职位上苦熬着，没有任何晋升的迹象。这是为什么呢？

而假如你是领导，你会怎么看待这两种人？

实际上，与笨拙和憨傻相比，职场中最不受待见的是那些不求上进或者自作聪明的人。如果一个人愿意学习，愿意脚踏实地地去工作，完成同样的工作，别人花费一天，他可能需要花费两天，长此以往，坚持下来还是会有所进步的。

偏偏是那些聪明的人，他们觉得自己好像什么都会，好像什么都懂，很多简单的事情他们往往不屑一顾，面对有挑战性的工作的时候，他们又非常"聪明"地躲避，不去触这种霉头，因此即便再聪明，他们在小事上也只能做得马马虎虎，而大事上又没有建树，所以只能长期待在一个没有前途的岗位上，自怨自艾，怨天尤人，抱怨领导不懂得赏识自己的才华和能力。

在一个人的职业生涯中，没有什么比成长更重要。我相信，工作中大大小小的问题，时常困扰着我们，让我们身心俱疲，但是当你自作聪明，拒绝深入学习，并推掉那些自认为困难和麻烦的工作，就等于堵死了自己在职场中上行的通道。

任何一种成长都伴随着痛苦，从毛毛虫变成蝴蝶，也要经历破茧的疼痛；想要像雄鹰那样，在天空翱翔，也必须经受风雨的洗礼；神鸟凤凰也需要在烈火中才能涅槃重生。想要在职场中向上走，必然也少不了各种困难和挫折。

站在领导的角度好好想一想，没有一个人会重用一个拒绝学习和成长的员工。如果真心想要站在领导的高度，就必定要把握每一次机会，做好手上的每一件最基础的小事，脚踏实地地去工作，这才是一名合格的职场人应有的态度和素养。

BUJU RENSHENG　TONGWANG CAIFU ZIYOU ZHILU

时间管理　如何与时间相处

不要放弃与时间同行，任何好的建议和方法，没有付诸行动，最终都只是纸上谈兵，只有不断地尝试，才能慢慢地摸索出真正适合自己的时间管理方法。

第一节　如何与时间做朋友

18世纪法国著名的启蒙思想家、哲学家、史学家、文学家伏尔泰,曾经出过这样一个意味深长的谜题:

"世界上什么东西是最长的,也是最短的;是最快的,也是最慢的;是最容易分割的,也是最广大的;是最不受重视的,也是最值得惋惜的;没有它,什么事情都做不成;它能使一切渺小的东西归于消灭,使一切伟大的生命不绝?"

当时,唯有一名叫查帝格的智者猜出答案,没错,他所说的这样东西就是时间。

时间永远无穷无尽,所以它是最长的;也有很多不珍惜时间的人还未来得及完成自己的计划,时间就已经从指间悄然流走,所以它也是最短的。

如果不抓紧时间,时间就稍纵即逝,几十二百年的光阴也不过眨眼之间,所以它是最快的;但是对于等待和虚度光阴的人而言,时间竟是如此的难熬,所以它也是最慢的。

时间虽然无穷无尽,但也可以被无限地划分;时间每时每刻都在流逝,人们却毫无所觉;当时间悄然划过皮肤,留下岁月的痕迹,人们又会突然发觉生命短暂:没有时间,世界所有的一切都无法被实现。

是时间使一切渺小的东西归于消灭,也是时间,让伟大的时刻凝固永存，在历史的长河里生生不息地隽永流传。

早在13世纪左右，一些寺院里为了让人们能够准时参加活动，就发明了机械时钟。自1345年开始，欧洲人已经普遍接受了用六十进制来定义时间，即一小时等于60分钟，一分钟等于60秒。自此，时间开始有了具体的参照标准，原本虚无缥缈无法被捕捉的时间，也开始变得更加具象化。

时间是我们生命中最不可或缺的元素，但也是最容易被忽视的，它无法被触摸和感知，总是在不经意之间就悄然流逝，让不懂得珍惜它的人们追悔莫及。

经过了几百年的工业革命的普及，时钟成了每个人必备的物件，时间管理这个概念逐渐演变成一门"显学"。我们所知道的许多伟大的人物，实际上都是在别人荒废的时间里，逐渐崭露头角。连伟大的科学家爱迪生都曾经说过：时间太短，要干的事太多，我要争分夺秒。

从一个婴儿呱呱坠地开始，上天赋予了他们不同的容貌、天赋、家境等不同的硬性条件，但唯一赋予每一个人相同且平等的东西，就是时间。所以想要掌握自己的人生，最关键的一点，就是要学会管理属于自己的时间。

可惜的是对大多数人而言，时间管理至今仍旧是一个模糊且陌生的概念。所谓的时间管理（Time Management），就是用技巧、技术和工具帮助人们完成工作，实现目标。

事实上，时间管理已经不是一个新的概念，只不过人们对它的认知，仍然停留在一个相对肤浅和简单的层次上。

最早期的时间管理，侧重于时间的安排和分配，那时候的时间管理专家，倾向于利用便条和备忘录这些载体，来帮助自己在忙碌的状态下充分调配时间。而随着专家学者对时间管理的研究，时间管理已经不再是最初的强调行事历与日程表、制定中长期的目标，以及看中时间与事务的安排，反而从根本上否定了"时间管理"这个名字，更加注重个人时间的管理。

想必有很多人有过类似的经历和感觉：

不知从什么时候开始，我们开始越来越忙碌，也越来越累，每天都有开不完的会和打不完的电话，每天都有一大堆麻烦而琐碎的工作，每天都在一大堆的文件资料里翻来覆去，这不禁让我们每天都紧绷着脸长吁短叹，这样的日子什么时候才是个头？

每当这个时候，很多人都会陷入迷茫：为什么我们总是被时间追赶着往前走？为什么我们的时间总是不够用？又是什么原因造成了这种状况呢？

事实上，很多时候这种忙碌的假象，都是我们自己一手造成的，想要改变这种现状，我们首先要学会与时间做朋友。

1. 不要等到准备好了，才开始行动

我们经常会听到家长、老师、领导和长辈说这么一句话：机会是留给有准备的人的。所以，很多时候我们都在"时刻准备着"。但我想强调的刚好相反，请不要等到一切准备好了才开始行动。

在日常的工作生活中，存在这样一种完美主义者，他们对待自己非常严苛，一定要尽可能地做好每份工作、每一件事情，不允许在任何一个环节出现问题，总要把事情做到尽善尽美的地步。

不可否认他们确实很优秀，但是，只要出现一点点不完美的事情，他们也会迅速的卷入灾难性的心里："这件事情我没有做到最好，我

是不是很没用？我会不会因此被别人看不起？"

一旦出现这种心态，他们就会纠结在小细节和小漏洞上，无法继续推进工作进度，只要出现任何一个小小的瑕疵，他们可能就会直接否决掉自己，重新开始。他们也永远在准备着，一定要把所有的准备工作做到尽善尽美，才能开始进入下一步。

这样的结果是，很可能同一件事情别人已经完成了一大半，他们还处于准备阶段，还没真正地开始去行动和落实，他们完全忽视了时间成本。也是这种完美主义，使得他们在工作中成了最大的拖延者。

追求精益求精本身并没有什么不妥，但一定要控制在合理的限度之内，没有任何人可以将任何一件工作做到完美无缺，最重要的是，要在时间、质量、能力和期望值之间寻找一个平衡，不要等到准备好了才开始行动，很多事情完全可以一边做一边完善。

2. 时间会给你答案

我们经常会听到这样的话，"时间会证明一切""时间会给你答案"，但很少会考虑到，这句话的前提是什么。

想要时间给你答案，首先你要知道自己需要证明的，是一个什么问题，又或者你需要得到的是什么问题的答案，简而言之，就是你需要实现的目标究竟是什么。

法国作家哈波特曾经说过："**对于一直盲目航行的船来说，所有的风向都是逆风。**"因为没有目标，我们的星斗就会因为失去方向而变得混乱，对时间的把握也是如此。因此，在日常的工作中，制定一个明确而具体的目标，是做好时间管理的首要任务。

这个时代的很多年轻人，最喜欢树立目标，用时下流行的网络用语来说就是"立 flag",诸如"我要瘦成一道闪电""我要学好英语""我要获得成功""我要挣很多的钱"等,但这些目标通常都不会实现,时间也很难给你答案和证明,为什么会这样呢?

因为这些目标都太过笼统了,根本没有具体的标准:瘦到多少斤,才算是一道闪电?掌握多少个单词或者学到什么样的程度,才算是学好英语?成功的标准又是什么?赚到多少钱还是在职场上达到某个高度?

不只是个人,很多的企业在工作中,也会出现像这样目标模棱两可的现象,甚至处于没有目标的混乱状态,在这种情况下,时间又如何给你证明和答案?

对于这些需要达成的目标而言,一定是一个可以用具体语言,清楚地说出要达成的行为标准,这样才能称得上是一个合格的目标。

有一个明确的目标,不仅对个人未来的发展,乃至于对时间管理而言,也是至关重要的。目标可以视作是一个标杆,只有目标明确,才能指引自己的人生通往自己想要的方向。

想要时间给你一个明确的答案,至少你要给它一个明确的问题。

3. 不要陷入"布里丹毛驴效应"

相信很多人会有这样的意识,为了节省工作时间,我们总是想要一次性解决所有的问题,而且总是坚信自己能够做到这一切。但是到了最后,很可能所有事情都没做好,尤其是当我们面前摆放着很多种选择的时候,就很容易出现摇摆不定、迟疑拖延的心理障碍。

在心理学上有一个名词,叫"布里丹毛驴效应"。

布里丹是法国的一名大学教授,他有一头非常可爱的小毛驴,教授每天都会从附近的农民手中，购买一些新鲜的草料来喂它。

有一次，负责送草料的农民又一次额外赠送了一堆草料，却不料当小毛驴看到自己面前摆放着两堆草料的时候，竟然因为不知道要吃那一堆而犹豫不决起来，随着时间慢慢地过去，毛驴在两堆草料之间走来走去，始终无法拿定主意，当布里丹再去看小毛驴的时候，发现小毛驴已经饿死在两堆草料之间。

后来，人们就把决策过程中这种犹豫不定、迟疑不决的现象，称为布里丹毛驴效应。

当我们试图去解决两件以上的事情时，通常抱着的就是这样一种心态：希望在有限的时间里完成不同的事情，觉得只有这样，才能使我们的时间获得最大限度的利用率。如果我们愿意静下心来，认真地分析一下，就会发现自己根本没有精力去应付那么多事情。

把时间分割成多个部分，会使我们在每一件事情上的投入大打折扣，最终出现的情况就是，很容易在多个目标之间左右环顾，犹豫不决，不知道自己应该先做那件事，也不知道该如何更好地协调时间。

美国著名的德州仪器公司有一句知名的口号："写出两个以上的目标，就等于没有目标。"

与其分散时间、精力，每件事都只做一点点，倒不如一次只选择一件自己想要的、立即去做的，而且力所能及的事情，专注认真地做好它。

4. 与时间同行

说起时间管理，人们总是会觉得其关键之处，应该在于采用各种工具、方法和技巧来分配时间。在很多人的眼中，时间是有限的，一天有固定的二十四个小时，最好的方法，莫过于把时间当成一个可以支配的物件进行规划。

现如今，各种形形色色的时间管理方法层出不穷。当然，这些所谓的方法确实给了我们一些参考和帮助，尤其是对时间缺乏控制和约束力的人。但要知道，任何一种时间管理方法，都不是完美的，又或者说任何一种方法都有缺陷和限制条件，希望单纯地通过时间管理的方法来解决问题，是根本不可能的。

因为时间管理方法是固定的，而我们所面对的任何事情，都处于随时改变的状态，因此，我们要做的不是简单的分配时间，而更应该根据实际的情况和自身的能力来进行时间管理，做到与时间同行。

想要了解时间，和时间更加亲密一些，最重要的并不是分配时间和制订计划，而是首先要学会了解自己。为什么这么说呢？

在职场上，很多公司和企业都会制定严格的工作时间，员工必须每天按照规定的时间上班下班，也应该在规定的时间内完成相应的工作任务。但实际上，很多人仍旧会迟到早退，也无法按时完成工作，这并不是时间的分配问题，而是个人对时间的掌控问题。

一个自我管理能力差的人，即便他拥有与别人相同的时间，也会把时间浪费在诸如睡懒觉、发呆和磨蹭等琐碎且无意义的事情上。时间早已经离开，他们可能仍旧沉浸在自己的世界里。

所以想要做到和时间同行，自我管理比时间管理更加重要，也更加困难。分配时间可能只需要列出某个时间段需要完成的事项，但是否能真的落实到行动中去，完全要看个人的执行力和自我管理能力。

自我管理的范围非常广，涉及的内容也非常多，但无论如何，想要跟上时间的步伐，就必须以一个合理的方式去面对生活和工作，尽量避免让自己长期处于失控状态。

想要让时间成为你的朋友，首先你需要知道自己需要一个怎样的朋友，所以，接下来请跟着我，慢慢地追上时间的步伐，让这位生命中最重要的朋友，带着我们朝着目标前行。

第二节　设计自己的工作流程

随着现代社会的发展，人们的生活节奏也越来越快，每个人都像一个不停旋转的陀螺，奔波于工作和生活之间。

你有没有遇到过这样的情况？工作了一整天，累死累活地从早上忙到晚上，结果发现工作还是没有做完，只能很无奈地留下来加班。这种长期、长时间加班的现象，在大城市里极为普遍，加班成了困扰职场人最大的问题之一。更令人郁闷的是，明明自己非常努力地工作，每天都忙得晕头转向，甚至连吃饭睡觉的时间都少得可怜，却仍然与自己期望中的结果相去甚远。

那么问题来了，繁重的工作一定要靠无休止的加班来解决吗？为什么明明比别人更加努力、更加拼命，花费的时间也更多，做出来的成绩却还不如别人呢？

在我们的工作生活中会遇到这样一些人，他们即便面对繁重的工作任务，也能气定神闲地处理得井井有条，并且能获得不错的成绩。大家肯定会好奇，明明同样的工作，这些人到底有哪些与众不同之处？

为什么他们可以做得到，而自己却不可以呢？

实际上，想要避免加班，就要真正做到工作有效率。但提高工作效率，可不仅仅只是靠"努力"二字就能实现的。

受到传统观念的影响，我们时常会踏入"量变引起质变"的误区中去，觉得只要花了足够的时间，就一定可以做得到。但所谓的量，并不单单是指完成工作的数量和时间量；工作效率也不单单是指工作完成的速度。努力和高效之间并不能直接画上等号，有些人终日忙忙碌碌，实际上都在重复很多简单、枯燥而且没有意义的工作，自然也就见不到成效。

众所周知，我们日常面对的工作往往不是单一的一件事情，而是各种复杂的信息交织在一起。很多年轻人刚刚步入社会，没有任何的工作经验，他们刚入职场就要面对烦琐复杂的工作，便会觉得茫然无措，根本不知道该从哪里开始着手，因此，他们习惯于看到什么问题，就解决什么问题。这种贸然和盲目的工作方式，不仅让我们更加忙碌，更让我们陷入恶性循环。导致最后出现"越忙越乱，越乱越忙"的状况，我们的所有努力也很可能因此变成无用功。

所以，此时我们要做的并不是迅速地开始工作，而应该是整理工作思路，因为我们缺少的根本不是耐心和能力，而是从一堆琐碎的工作事务中，恰如其分地厘清工作的思路的能力，工作能力和工作态度固然重要，掌握工作的技巧也很重要。

1. 整理工作思路，比工作本身更重要

比起工作本身，或许梳理工作思路更加让人觉得茫然。那么多的事情，该从哪一件或者哪一个环节开始呢？

实际上，梳理工作思路并没有想象中那么困难，想必大家都见到过猫咪玩毛线球的样子。猫咪在玩毛线球的时候，总是很容易把所有的线都扯出来，到最后猫咪很可能被这些线团纠缠在一起。实际上，在工作中毫无头绪的我们，跟被毛线球缠绕住的猫咪并没有什么两样，而且我们会被工作中纠缠的各种毛线，折腾得心力交瘁、筋疲力尽。

这个时候跟我一起闭上眼睛，好好想一想，每当遇到这种情况的时候，我们通常会怎样梳理被猫咪弄乱的毛线球呢？说起来也很简单，就是找线头。

要知道无论一个毛线球缠绕成什么形状，始终都会有一个线头。只要先找到毛线球的线头，就能慢慢地把缠绕打结的毛线球解开。工作也是相同的道理，厘清工作思路的过程，就像是找毛线球的线头一样。

当你找到了线头，就等于走出了整理工作思路的第一步，因为只有找到了线头，才能顺着线头继续捋清工作的流程和方式。线头决定了我们的工作能否向一个正确的方向前进，也决定了是否能够顺利完成工作。

毛线球的线头也许很好找，但是工作中的线头又该怎么找呢？首先就是要在每天上班之前，把今天所有必须完成的工作记录和罗列出来。

想必很多人都有过类似的经历，在忙碌的过程中，很容易遗忘掉某些工作，也有可能在做某件事情的时候，我们会突然想起另外一件重要的事情，并因此改变自己的工作计划。如果这些被遗漏的工作是可做可不做的还好，但如果忘记掉的，是一些重要和必须要完成的工作，那就很可能会造成重大损失，而且这种无意识的工作状态，会使得整体的工作缺乏逻辑性和条理性。

对工作没有总体的认识,以及对工作时间缺乏概念,是我们在工作中总是出现突发状况的主要原因。所以,很有必要在一开始就把当天的工作全部记录下来。并且,罗列这些信息最好不要只是放在脑中,而是主动将他们记录在一些更为可靠的载体上,比如手机和平板电脑等电子设备,又或者是工作日记和便签纸上。因为人的大脑通常是用来思考的,而不是用来记录的,大脑记忆力也因为各种原因,都处于不稳定状态。

当然,在做记录的时候,也不必每件事情都写得非常详细,对于这些工作的项目可以直接做简化处理,只要能做到提醒自己即可,否则花费太多的时间在记录工作上面,也会减少工作的时间。

对于一些相对复杂的工作或者典型的项目,还可以采用思维导图的方式,将所有的事情都简单地画出来,又或者制作一张表格,这样不仅可以了解工作的全貌,还可以帮助自己了解各种工作之间的关系。当你把所有的工作都一目了然地展现在眼前的时候,就发现很容易就找到了工作中那个令人纠结不已的线头。

2. 史蒂芬·科维的四象限法则

既然罗列出了所有工作,那么接下来我们应该做的,就是如何合理地给这些工作分配相应的时间。这就不得不提到美国著名的管理学家史蒂芬·科维提出的四象限法则。"四象限法则"是时间管理领域最常用方法之一,提到时间管理就不得不提到四象限法则。

对我们每个人而言,每天工作的时间都是有限的,不可能把所有的工作都做完或者做好,与其分散精力做好所有的事情,倒不如集中精力做好那些对自己最有价值的事情。因此,史蒂芬·科维用"重要"

和"紧急"两个维度把事情分为四个象限：即重要且紧急、重要不紧急、**不重要但紧急、不重要也不紧急。**

第一个象限自然是既重要又紧急的事情。

这类事情自然是不能回避和拖延的，也是我们应该第一时间去完成的事情。所以，这一象限的事务，是非常考验我们工作的业务能力、判断力和执行力的。

事实上，出现紧急又重要事情的根本原因，是我们对第二象限事务的拖延和忽视。使那些重要的事情因为时间紧凑而准备不足，也是导致我们看起来总是"很忙"，需要加班的主要原因。

第二个象限是重要但是不紧急的事情。

这类事情一般对整个工作有重大的影响，但是时间上比较宽裕，因而不需要马上完成，也没必要因此把自己逼得太紧，只需要制订工作计划，根据工作步骤和流程，按部就班地去做即可。

史蒂芬·科维认为，日常工作中我们应该至少将 65%~80% 的精力，花在第二象限的事务上，也就是所谓的重要但不紧急的工作上，因为这一象限的事情不但是必须去做的，而且是回报率最高的。

第三象限是紧急但不重要的事情。

处于这一象限的事情很容易和那些"紧急且重要的事情"产生混淆，很多人会因为某件事情很急，就觉得它一定很重要，实际上这是一种心理误导。比如一些紧急的电话，或者一些需要立即解决的小事情。

如果仔细思考一下就会发现，这类事情并没太多的意义，而现实生活却刚好相反，很多人喜欢把时间花在紧急却不重要的事情上，这就是为什么很多人看起来总是忙忙碌碌，却始终无法顺利高效地完成工作任务的最根本原因。懂得分辨和取舍哪些是紧急又重要的事情，哪些是紧急但却没有价值的事情，就能有效地减少工作时间的浪费。

第四象限是既不紧急也不重要的事情。

这个象限中的事情，大都是一些琐碎的杂事，很多人觉得自己一直在努力做事，却没有看到效果，很可能是在这个象限的事务上浪费了不少时间。

很多人对时间管理存在这样的误区，认为做好时间管理的关键之处，在于一定要确保每一项工作都可以得到安排，实际上我们完全可以忽略掉第四象限的事情。

3. 由简入繁，做好每个工作环节

相信我们工作中总会遇到这样一些人，他们很喜欢接受挑战，喜欢各种高难度的工作。他们认为，做简单的工作会有逃避困难之嫌，所以，他们很喜欢第一时间就去做最困难的事情。当然，在日常生活中，享受挑战带来的快乐并不是什么太大的问题，但是从时间管理的角度来讲，这却并不是一种明智的做法。

一方面，如果一开始就喜欢从复杂的、难度很大的工作做起，遇到的困难就很容易影响到我们的工作状态，使我们无法发挥出真正的实力；另一方面，还有可能会因为没有完全融入工作的状态，无法找到正确的突破口，并因此无法按时完成工作，因此减挫了工作的积极性。

尤其是随着时间的推移，工作却得不到任何进展的时候，很容易激发内心压抑的负面情绪。工作者的心理波动，会使人的注意力从工作转移到自己的情绪上，不但无法有效率地完成工作任务，还会导致时间的浪费。

与其如此，不如选择从简单的工作，或者复杂工作中的简单环节开始，慢慢适应和积累，让自己慢慢适应了工作的状态，逐渐找到工作节奏之后，再循序渐进地去做一些难度更高的工作。随着工作的深入，我们对工作的承受能力也会进一步得到提升和强化。

而且，我们看到的很多世界上成功的人士，也并不是一开始就选择那些最艰难的工作，而是从最简单最基础的工作着手：微软总裁比尔·盖茨，也是从编写一个简单的课表软件开始做起，慢慢地积累经验和能力，最终创建了微软；集工程师、企业家等多种身份于一身的新能源汽车创造者——埃隆·马尔克斯，也不是从一开始就做汽车开发，而是从编写简单的小游戏开始。

从简单的工作开始做起，可以说是工作中的一个最基本的原则，这样可以帮助我们在工作中，逐步找到解决问题的方法，不仅能带来一系列的心理和技术优势，还能帮助我们更好地应对困难。但要注意的是，选择从简单的工作入手的目的，不是放弃有难度的工作，而是为挑战高难度的工作做准备。

除了少数喜欢挑战高难度的工作的人之外，另外一些人，反而喜欢只挑简单的工作去做，遇到困难的工作就避之不及，或者推给其他同事来做。虽然这样工作确实是会比较轻松，但却不利于个人的成长。

每天都重复着处理一些没有任何技术含量的简单事务，长此以往，不但滋长了学习的惰性，也会降低自己职业的竞争力，更不利于整个公司的发展。

曾经有专家学者对一些经营状况比较差的企业，做过仔细的分析和调查。经过调查研究发现，这些企业的员工在工作中普遍存在这样的一个问题：

一些相对简单的工作会有很多人抢着去做，甚至会出现简单的工作重复做过很多遍的迹象,而另外那些比较困难的工作,却如同烫手的山芋,根本没有人愿意接手,以至于当某项工作或者某个工作环节出现问题的时候,根本不知道找谁来负责。无论任何一个工作环节出现问题,都会使整个工作失衡,接下去的工作环节和步骤无法顺利完成,最终影响了整个企业的发展和效益。

简而言之,正常的工作流程应该是,在着手一项工作或者面对一堆复杂工作的时候,首先就是罗列出所有的环节和事项,找到一个工作的线头,从最简单的环节入手,最先完成一些紧急重要的事务,继而循序渐进、有计划地去处理其他重要不紧急且难度较高的工作。

当在面对一些工序复杂,难度较高的工作时,也不必马上去做,给自己预留一些思考的时间,尽量适当地简化工作流程,去掉一些烦冗且不必要的环节,如果真的遇到自己能力之外的困难,也可以适当地寻求帮助,而不是视而不见直接跳过。

挑战高难度和只接受简单工作,都不是正确的工作态度,有效率地完成整个工作流程,才是我们的最终目的。

第三节 细节与行动决定效率

◎影响工作节奏的因素之一:琐碎的小事

想必大家都听过这么一句话:你可以躲开一只大象,却完全躲不开一只苍蝇。工作中的琐碎小事,就是我们躲不开的苍蝇,在这一点上,相信很多人都深有感触。

有人曾经做过调查，在工作中哪些事情最让人压抑？最后得出的结论是，在工作中最让人感到压抑的事情并不是那些复杂，而且大风险的工作，相反，很多人最不愿意面对的，是工作中那些烦琐的小事情。这些事情没有太大的难度，甚至看起来非常轻松，但却让很多人非常头疼。为什么会这样呢？

因为这些小事通常都很分散，经常会脱离日常规划，总是突如其来地出现，让人毫无防备。不仅如此，这些琐碎的事情还会毫无规律地出现在任何一个时间段、任何一个工作环节，更重要的是，**这些小事会影响到其他重要工作的节奏**，而且根本无法避免。就像是一只小苍蝇一样，总是在你耳边嗡嗡嗡嗡，即便当时你放下手中的工作，花时间赶走了它，没多久可能它又出现了。

那这个时候我们又应该怎么办呢？我的建议只有四个字，就是：**集中处理**。

在这一点上，华为公司的做法，给了我们一个很好的参考。

华为公司的员工通常会在下班前十分钟，将一整天的所有琐事全部罗列出来，然后进行集中处理，这样可以有效地避免各种大小事务混乱的现象。

当然，在落实到工作中的时候，我们也要做到具体情况具体分析，针对琐事的难易程度和多少，来设定最佳的时间来完成，但无论如何，都不宜在处理这类琐事上，花费太多的时间和精力。

当我们逐渐形成"集中处理"习惯之后，就会发现，以前我们在工作中急切想要解决的某件小事，并没有想象中那么重要，甚至有的事情根本没有必要理会，还有一些是重复出现的小事情，也没有明确的时间限制，适当地拖延一下也无伤大雅，大可不必为此打乱整个工作的节奏。

这种集中处理琐碎的工作的方法，也有助于提高我们工作的专注程度，仍在工作中手足无措的你，不妨尝试一下。

◎影响工作节奏的因素之二：工作速度

在工作中，大家可能会遇到这样的情况，上司规定你必须在半天内完成的任务，有的人两个小时就做完了。按照惯性思维，大家会觉得做得快的人，工作能力一定比别人强。相较之下，可能会让你的自信心备受打击，陷入无限的反省和自责中去：是不是自己能力不足，所以做事总拖拖拉拉的？

迅速完成工作任务的好处是，可以用多出来的时间去做其他的事情，同样的工作时间内别人就比自己多做了很多事情。事实上，过分地追求工作速度，未必就真的能提高工作的效率，尤其是大幅度地提前完成任务。

因为正常情况下任何工作环节的时间，都是经过合理计算和评估的，如果大幅度地提前完成任务，就等于在缩减每个环节的工作时间和工作步骤，就会增加工作的压力和难度，让工作完成得比较粗糙。在这种高压环境下，也更容易产生其他突发状况，到头来我们可能还要花更多的时间去处理这些意外。

过于追求工作的速度，也未必真的有利于提高工作效率，盲目地追求工作的速度，非但不利于工作和个人能力的发展，反而很可能弄巧成拙，并因此打击自己的积极性，带来适得其反的效果，使得工作的状态越来越差。

所以，不要觉得事情做得比别人慢一些，就是工作能力差的体现，每个人都有自己的优点和缺点，也有自己擅长的领域，按照自己的节奏慢慢来，只要能在既定的时间内完成工作即可，不必在工作速度上过于苛求自己。

当然，虽然我们不需要追求工作的速度，但也不要轻易地延迟，因为拖延本身就是一件会破坏工作计划和工作节奏的事情。

◎ 把握工作节奏

上面我们说到琐碎的小事和工作速度，都会破坏工作节奏。工作的节奏具体是什么呢？

实际上，古代人"日出而作，日落而息"，还有我们现代人朝九晚五地上班，上五休二，都是工作节奏的体现。人们不可能长时间地工作，也不可能长时间地休息，掌握好的工作节奏，才是提高工作效率最关键的因素。

节奏不仅仅是工作中的重点，在其他的领域也是至关重要的因素，比如音乐中音响节拍轻重缓急的变化和重复；美术创作中同一视觉要素连续重复而产生的运动感；文学作品中的起承转合、铺垫高潮、抑扬顿挫等。

说了这么多关于节奏的概念，那么把握工作的节奏，具体又应该怎么做呢？**当然是要找到工作本质和规律。**

很多问题出现的时候，我们总习惯于将注意力放在事情的表面上，关注已经发生的事情所产生的影响，解决问题的时候，所秉持的原则，也是暂时抑制这个问题。所以，无论我们怎么努力，问题始终存在。

比如说一棵根部腐烂造成枝叶枯萎的大树，如果不去切除根部的腐质，而是只在枝叶上下功夫，无论花多少精力，都无法改变现状。又比如说，医生面对一个发烧的病人，可以采取一些物理降温手段，暂时地缓解病人发烧的症状。但若想要根治，还需要找出发烧的真正原因对症下药。否则，即便当时已经恢复到正常的温度，之后也会出现反复。

想必这个道理大家都懂，但是一旦到了自己的工作中，就完全忽视了。很多时候我们抱怨自己的工作艰难，时常觉得力不从心，将工作搞得混乱，实际上原因在于我们没有很好地掌握工作的规律，做了很多重复工作，事倍功半，因为厘不清头绪变得更加混乱。

所以，解决问题的关键是找到问题的本质和规律。大多数的工作都是有规律可循的，只有了解工作中存在的一些共性，掌握事物发展的规律，才能用最简单的方式完成任务。

在懂得如何处理好工作细节、把握工作节奏之后，那最关键的就是要把这些理论上的概念付诸行动了。但是我们又不是机器人，不可能随时都能对工作保持积极和热情，相反，工作中的很多事情，会影响到我们的个人情绪，继而影响我们工作的效率，可以说，情绪是最容易影响工作的不定因素。遇到这种情况，我们又该如何面对呢？

这里，就不得不提到 **GTD 工作法**。

GDT 时间管理法是由效率管理学家戴维·艾伦（David Allen）开创的一套完整的个人管理模式，目的就是帮助我们更好地管理自己的情绪，让我们能在繁忙的工作情境中安定下来，整理好要做和想做的事情，集中精神完成最重要的任务。

这套时间管理方法早在 1983 年，就开始在美国最大的航空航天及国防承包商之一——洛克希德公司（Lockhead Corporation）试行，经过多年不断的试验和改进，已经被全球顶级机构当成时间管理的黄金策略，包括微软、美国银行、甲骨文公司，甚至连美国司法部等机构，都先后采用了这种方法，并且获得了不错的效果。

GDT 是"Getting Things Done"的英文缩写，这三个单词组合起来的字面意思很简单，就是"去做事"。戴维·艾伦认为时间不够用的压力，通常不是来自任务本身，而是各种各样的任务在大脑里出现的混沌和积压，因此而导致的心理上的焦虑和抵触情绪——造成时间不够用和工作效率低的罪魁祸首。

他曾经在 Getting Things Done 一书中写道：

把所有的事情都从你的脑袋里弄出来，在事情出现时就做好相关行动的一系列决定，而不是在事情爆发的时候。

以合适的类别组织好项目的各种提醒，和下一部行动。

保持你的系统更新和完整，及时进行回顾，你在任何时候都能信任你的系统和对任务的处理。

这一套简单的方法，将引起个人注意的一切信息进行分门别类，明确地保存在一个完整的系统中，以便随时管理和回顾，有利于我们清晰地掌握工作要点，根据自己的能力以及所处的环境，采取高效能的行动方案。

◎ GDT 工作法的具体步骤：

1. **收集**：罗列出所有能想到的事情，使所有需要去做的事情都能被明确地记录下来，当然用来记录的载体不限，可以是手机电脑光盘、电子邮箱和纸等。因为大脑是用来思考的，而不是用来记事的，做好记录，不但可以减轻大脑的记忆压力，让大脑更专注于思考，还有助于分门别类，即便最后无法完成任务，也可以帮助减轻心理压力。

2. 整理：将收集好的信息进行整理，分门别类，哪些是需要马上去做的，哪些是可以拖延的，哪些是可以短时间内完成的，哪些需要计划一下具体的工作步骤，哪些是自己能力范围之外的，暂时无法做到的……

3. 组织：这是 GDT 中最核心的步骤，收集和整理就是为组织服务的。戴维·艾伦提出，应该由短时间内能够做完的事情开始着手，然后对剩下的事情进行组织，确认下一步具体要做的工作，如果工作比较复杂，还应该做更加具体的细化，列出步骤，还可以具体列出某些事情的 deadline。

4. 回顾：时常回顾和检查，列出"行动"和"等待"事项，确保新任务能及时列入计划和实施，还可以按照自己的精力、资源和时间，来决定哪些事情对自己来说是最重要的、急需解决的。

时常回顾可以帮助我们保持工作系统的及时更新，这样才能使这个工作法得到正常的运作，否则行动列表就失去了意义。

5. 行动：如果只是列表、组织，那么所有的管理法就只是个摆设，为了确保这个系统起作用，必须将相关事项付诸行动，行动的过程中还要考虑一些因素：时间、精力和任务的重要程度等。

GDT 的核心理念，就是记录下心中所想的事情，安排好下一部计划，全身心投入眼前的工作，最终达到提高工作效率的目的。但任何管理方法都需要通过自己反复的实践和改进，最终才能为自己所用，成为一个自己真正信任的系统。

第四节　有效的时间管理法

除了前面提到过的、常用的四象限时间管理法和 GTD 工作法之外，还有其他很多的时间管理方法，值得我们去参考和借鉴，由于篇幅所限，这里列举几项比较实用的、对我们的生活有帮助的时间管理法，供大家参考。

1. 拖延症良药——番茄管理法

日常生活中，我们最常见的一个问题就是拖延症。

很多人认为拖延症就是懒，实际上拖延症和懒根本不是一回事。懒的人什么都不想做，也不愿意去做，而且没有负罪感，拖延症患者是有许多事情需要做，很多事情想做，却总是拖到最后一刻，并为此有很深的负罪感，内心迫切地想要寻求改变。

拖延症的病因是由于无法正视压力，让自己心中的两个小人在不停地吵架：

一个小人说，我必须要怎么样，我不能这样虚度光阴，但另外一个小人却说，我不想去做，这件事我未必能够做得到，我害怕，我想逃避。

拖延症患者最大的痛苦，来自没有完成任务的焦虑，以及在最后一刻匆忙完成任务，却做不到自己期望值的那种负罪感。

而番茄工作法，兴许可以减缓拖延症带来的痛苦，并帮你慢慢地治愈。

番茄工作法是 1992 年由佛朗西斯科·西里洛提出的，因为缘起于美国农用时候效率提升的因素，因此借番茄为名，是一种应用于提升工作效率的方法。

番茄工作法的具体概念就是，需要有一个明确的规划，一般以一周为单位，把这周需要的内容放进来，然后通过今日待办计划，在一个番茄钟记时下，逐一地执行这些事情。一个番茄时间一般被设定为 25 分钟。这里的番茄时钟其实只是一个代称，任何定时软件、手机、闹钟、手表都可以。

确定了任务之后，在接下来的番茄时间内就要抓住工作，直至番茄时间结束为止，在短暂的休息之后，一般是 5 分钟，继续下一个番茄工作时间，每四个番茄时间做一次长时间的休息，大约 25 分钟。如此循环往复，直到任务完成为止。

当然，一个番茄时间并不固定是 25 分钟。

如果有的人专注力不够，在一开始的时候，无法在 25 分钟的番茄时间坚持下来，尝试多次之后很可能就此放弃。这时候，就应该把番茄时间先设置成 20 或者 15 分钟，根据自己的能力逐步提高番茄时间的长度。这样循序渐进地增加番茄时间，能帮助你提高注意力的时长。如果你只是将番茄工作法视作一个不变的规则，不懂根据自己的实际情况调整，很可能会适得其反，难以坚持下去。

与第二章提到的 GDT 工作法相比，将大任务进行分解，变成一个小小的番茄时间，可以降低工作的实行难度，将时间的分配细化到具体的分钟数，从而加强了对工作时间的掌控力度。

番茄工作法的优势在于，可以提高集中力和注意力，减少工作时被打断的次数，并减轻时间焦虑，对工作者产生更大更持久的激励，进一步巩固作者达成目标的决心，完善地预估工作流程。

当然，必须承认的是，番茄工作法也有很多局限性，因为番茄工作法，其实本质上是一种训练自控力的方法，并不是完成某件事的必要条件。它在实践中确实能帮助我们提高时间的利用率，但是番茄工作法更倾向于专注今日和当下，属于短时间的时间管理方法，导致它很难帮你完成一些时间跨度较长的项目安排。简而言之，番茄工作法更适合于任务的具体执行阶段，而不利于分配长期烦琐复杂的任务。

另外，番茄工作法也不可能降低你学习、工作中的任务难度，如果将番茄工作法视为一剂灵丹妙药，希望在短时间内速成某项能力，例如高效率工作或者保持注意力高度集中，很可能会事与愿违。

2. 高质量休息法——莫法特休息法

要保持好的工作状态和工作效率，好的休息方式也是必不可少的。

传统意义上的休息，一般指的是在一定时间内相对地减少活动，消除或减轻疲劳，恢复精力的过程。大部分人认为，休息就等同于是睡觉，因为睡觉可以让我们最大限度地恢复精力，消除疲劳，没错，睡觉确实是人类最重要的休息方式，人每天也都需要睡觉，但要知道，休息的方式并不仅限于睡觉。

相信很多人都有过这样的经历：周末的时候为了恢复精力一睡就是十几个小时，但醒来之后并没有感到精力充沛，反而觉得浑身酸痛，做什么都打不起精神。这个时候，睡觉这种休息方式是无效的。确切来讲，与单纯睡觉相比，高质量的睡眠才能称得上是正确的、行之有效的休息方式。

个人认为休息的终极目标，应该是使人从生理上和心理上得到松弛，以最快的速度尽可能多地恢复精力，而莫法特休息法就是一种高质量的休息方法。

据说，莫法特的书房里有 3 张桌子：第一张摆着他正在翻译的《圣经》译稿；第二张摆的是他的一篇论文的原稿；第三张摆的是他正在写的一篇侦探小说，这三张桌子上的工作内容，属于不同的类型，然后莫法特通过切换不同的桌子继续工作，来进行休息。

可能有人会提出质疑，明明他一直在工作，为什么说是在休息呢？这是因为大脑的左、右半球，分别负责不同的活动：大脑左半球负责人的语言表达、逻辑性和序列性等思维活动，而大脑右半球负责人的非语言性、非逻辑性思维，知觉、直觉感情等形象思维方面的整体活动。如思考问题和写文章等，用的就是左脑；统计和记账等，则是用右脑。

通过切换不同类型的工作，你可以在做一件事情的时候，恢复一部分精力；而恢复的这部分精力，又能为你不停运转的大脑继续提供能量。

仔细地回想一下就会发现，与繁重和高难度的工作任务相比，那些重复的、单调乏味的工作，更容易让我们产生厌烦情绪，使我们的精神和身体备感疲劳，最后导致工作不在状态，浑身打不起精神。

当我们在工作中出现疲劳感的时候，就会减慢工作进度，如果这个时候，变换工作地点，改变工作的方式，或者几种工作互相交叉同时进行，就可以使我们的大脑总是处在新鲜信息刺激下，持续高效地工作。

莫法特休息法，就是通过切换工作类型的方式，使左右大脑轮流获得休息，祛除疲劳，使工作更加专注，从而达到提高工作效率的目的。

说起来，莫法特休息法和农业上的"间作套种"原理非常相似。人们在长期的种植过程中发现，连续在同一片土地，种植同一农作物时，由于这一植物需要同样的养分，使得土地中的这种营养元素越来越低，从而降低了该作物的产量。如果间断地套种其他的植物，可以使土地里的某种养分有时间得到恢复，这样两种作物的产量都会提高。

莫法特时间管理法，简单来说，就是把工作时间分为"连续"和"分段"两种，然后区别各种工作的性质，纳入"连续——分段——连续——分段"的组合公式进行处理，所以又被称作连续分段时间管理法，这种切换工作类型的方式，既能使疲劳的大脑得到有效的休息，又可以不停止手头上的工作，一举两得。

那我们具体应该怎样切换工作类型，来进行更好的休息呢？这里列举四种比较实用的类型供大家参考。

首先，可以根据工作抽象和具象来切换分段时间，最典型的例子就是，有些学霸做物理和数学题累了的时候，就会切换到英语和语文来休息一下。

其次，可以根据研究课题的不同角度进行交替工作，这种方法适合从事学术研究的工作，因为换一个角度思考问题，同样能让你的大脑保持对工作的新鲜感。

再次，可以根据任务的动静态来切换工作类型，比如你正在写一篇论文，觉得十分疲乏的时候，可以暂时停下来查找一下资料，或者阅读一些文献，可以帮助你减轻写论文时带来的烦躁和疲乏，使大脑得到暂时休息。

最后，体力工作与脑力工作互相交替，也能使我们以更佳的状态投入工作。

任何人的注意力的集中时间都是有限的,《礼记·杂记下》有云,"一张一弛,文武之道"。

充分利用间隔或空挡的时段,创造出更多可供利用的时间。无论学习还是工作,有张有弛,才能持之以恒,如暴风雨式的工作方式,只会让我们对工作产生逆反心理。

而莫法特休息法的要义就是,使工作永远充满新鲜感,让不同的新鲜信息刺激大脑,避免大脑出现认识、分析和处理问题迟钝的现象,最终达到提高工作效率的目的。

3. 时间账本——34枚金币时间管理法

34枚金币管理法,是由新东方最年轻的集团演讲师艾力开创的。在艾力26岁的时候,就已经被贴上了"成功""青年精英""正能量""励志男神"等各种标签,他认为,要成为一个精英,就要做超出生命长度本身的事情。

时间本身也是一种很抽象的东西,但我肯定每个人都听过这句话:时间就是金钱。艾力在打游戏赚金币的时候,突然灵光一闪:为什么我们不可以把时间真的当成是金钱呢?于是他设计了这套34枚金币管理法,把时间当作金钱一样去记录,并把时间记录做成类似于与账本一样,这样一来时间能就像账单一样被记得很清楚,于是就有了34枚金币管理法。

为什么是34枚金币呢?假设我们每天早上7点起床,晚上12点睡觉,一天17个小时醒着,以每半个小时为一个金币单位,一天的时间就成了34枚金币,每年12410个金币。当然你也可以多睡一个小时,那么你一天就比别人少了2个金币。

把时间和金钱划上了联系，就能使我们更加重视时间的价值，通过时间的记录也可以活得更有质量。

记录的最终目的是去分析，艾力把时间分为五类，用来概括生活中所有的事情，并用五种不同的颜色来表示，这样我们就能一目了然地知道，自己每天、每个月工作了多少小时，玩了多少小时，又浪费了多少小时，34枚金币管理法，与其说是时间管理，不如说是一种书写属于自己的时间简史的方法。

第一类是娱乐时间，用蓝色来表示，诸如打游戏、约会、陪家人、聚会等都属于这一类，在这个时间内，我们要做的就是把工作学习暂时放下，高效地玩，尽情地玩。

第二类是休息时间，用绿色表示。

第三类是强迫工作时间，用橙色表示，主观上抗拒的工作任务和课程，都属于这一类，在这个时间段内，你可能工作情绪并不是很高，所以可以适当地给自己一些心理暗示。

第四类是高效工作时间，用黄色表示，处在这一时间的你，肯定是意气风发的，虽然工作很多时候会给人带来各种烦恼，但是不得不说，做好工作也是一件很有成就感的事情。

最后一类是拖延时间，用红色表示，这一时间段就是我们每天浪费掉的时间，通过记录可以有意识地去逐渐减少拖延时间。

人类的记忆并不靠谱，艾力认为比起时间管理，时间记录或许更有效，人生虽然是个宏大的话题，但却可以落实到相对具体的东西上。如果你不知道时间管理应该从哪里开始，不妨先按照34枚金币管理法，记录下自己的时间利用状况，再慢慢地对自己的时间进行调整和管理。

列举了这么多种时间管理方法,可以发现,所有的时间管理方法的相同点,都是首先要记录和罗列事项,再进行具体的工作安排。

当然,当我们提及各种时间管理方法的时候,可能会有人跳出来反驳说:"很多成功的人并没有用过什么管理方法,他们照样获得了成功,而我们即便按照时间管理方法去做,也未必就一定能提高工作效率。"

实际上,任何一个方法论都不可能尽善尽美,而且每个人的生活习惯、工作习惯以及精力等各方面因素都存在差异,所以同样的方法,不同人实施起来效果也不尽相同。

但是,经过前面无数人试用和实践过的方法,能一直流传至今并被人们广泛接受,也一定有其可取之处。我们不一定要完全照搬某种管理方法,只要能从中得到一点心得,并按照自己的需求,运用到生活工作中去,就不算是做无用功。

第五节 高效人生是时间管理的目标

所有看过或者执行过时间管理法的人,可能都曾经遇到过这种情况:每次你都满怀激情地开始,希望可以改善自己混乱和拖延的状态,但每一次的过程,也可能会让你觉得疲惫不堪,片刻不得自在,甚至到最后觉得自己被抽空了,失望至极,又重新陷入之前的迷茫:

如果真的为了不浪费时间,把每一分每一秒都规划起来,就真的能成功吗?

如果真的像一个机器人一样，按部就班地生活，那人生的乐趣何在？

这样生活的方式，真的是我想要的吗？

一次次地周而复始，他们却始终没有找到治疗时间病的良方。

还有一些人直接放弃了对时间的管理，认为只要活在当下，及时行乐就好了。但是，所谓的"当下"稍纵即逝，很快就成了过去。对于时间，我们就这样无能为力吗？

很多人误解了时间管理的初衷，实际上，规划和管理时间最重要的目的，并不是单纯的分配时间，而是让自己的工作和生活更加舒适，工作的时候高效地工作，休息的时候高效地休息，娱乐的时候高效地娱乐。时间管理的终极目标是追求高效人生。

1. 时间管理的第一大忌讳，就是把所有时间都规划掉

菲茨杰拉德在《了不起的盖茨比》中写到过这么一句话：生命犹如逆流而上的小舟，你努力地前行，却不断被向后推去。相信很多人都体会过相似的无力感，明明拼尽全力，却离自己的目标越来越远。

我们每个人都不可能每天、每小时、每分钟，都保持最好的状态面对生活、学习和工作，每个人都有累到想停下来休息的时候。很多人长时间地加班，甚至连最基本的休息时间都没有，在他们看来时间很珍贵，他们忙得连饭都没时间吃，上个厕所都匆匆忙忙，他们认为这样才能彰显出自己拼搏努力的工作态度，才能在领导面前体现自己的工作能力。

这种方式并不合理，非但无法提高工作效率，还有可能造成工作效能的下降。因为连续长时间地工作会导致身心的疲劳，这种疲劳有

时候不会马上显现出来，长此以往，会对我们的身体和精神造成真实的伤害。长时间地工作也会造成对家人的忽视和缺乏关怀，导致家庭矛盾的爆发，而家庭矛盾同样会反过来影响到工作的情绪和状态。

所谓的职业倦怠症和"星期一上班综合症"，主要原因就是长时间工作带来的身体和精神上的疲劳，以至于对工作产生排斥。

最好的工作方法，就是制订科学的休息计划，比如像在学校里那样，工作40~45分钟的时间，休息5~15分钟。因为，人在半个小时以上的高度集中之后，大脑就会慢慢地产生疲劳，大脑的思考能力也会有所下降，坐在办公桌前，长期盯着电脑屏幕和文件，我们的眼睛会疲劳身体会僵硬，这些疲劳会积劳成疾，影响身体健康。

良好的作息习惯有助于我们更好地工作，适当地休息并不会影响工作，反而能够使我们恢复精力和缓解工作带来的压力和疲劳感。

很多人做时间管理的时候，很喜欢把时间一分为二，工作时间就把所有时间都排满工作，生活时间就一定要锻炼、购物、旅游等。

实际上生活中除了这些之外，还有很多琐碎的被忽视的事情。如果把每天的时间全部规划起来，会造成压抑，长期处在被计划和时间支配中，也很容易让我们对生活失去兴趣。

时间就像手中的沙子，我们握得越紧，它就流逝得越快。试图牢牢抓住时间的人，反而会处于被动状态，不如给自己预留一些空隙。在这些空白的自由支配的时间，不需要规划，也没有什么一定要做的事情，让一切都处于顺其自然的状态，让自己享受放松的状态，这样才不至于被规划起来的工作和生活牵制。让时间来支配自己，同样也是对时间的一种尊重。

当然，自由不是绝对的，我们可以合理支配自己的时间，但并不代表随心所欲，如果时间安排得太满太死，同样也不利于工作和生活。

所以，尊重时间规律，给自己预留一些可以自由支配的时间，是在规划和自由的状态中，寻求一种平衡，也是时间管理真正要实现的目标。

2. 情绪管理同样不容忽视

情绪管理和时间管理看起来是两个毫无关联的概念，但是情绪却是影响时间管理水平最重要的因素。

这是因为时间管理，本身就是主观因素比较强的行为方式，日常工作中一旦我们的心情受到外界的影响，就会带来很多的负面作用。比如做事莽撞，缺乏足够的了解和思考，头脑发热而做错事情，最后不得不花费更多的时间和精力，去弥补这些行为带来的不良影响。

情绪还很容易打乱工作节奏，影响个人对工作的专注和投入，试想一下，如果一个人，每天都在抱怨老板、抱怨同事，对他们有这样那样的意见，又或者家里突然出现什么意外状况，又怎么能够静下心来好好工作。

而且一旦情绪爆发，又一时间无法克制的话，很容易跟其他人发生冲突和矛盾，当情绪失控发生争吵的时候，无法好好地工作，使工作变得更加艰难和复杂，影响整个工作的进度。

这种情绪变化，很容易影响我们做事的效率，也不利于时间管理，所以，当我们的情绪有大的起伏和波动的时候，不如先暂时放下手中的工作，给自己留一点时间和空间，缓冲一下，让自己慢慢地冷静下来。如果能花几分钟的时间清醒和冷静一下，可能就不用在低效和失控中，浪费几个小时。

所以，做时间管理的同时，应该把情绪管理列入其中，因为负面情绪是我们做时间管理、追求高效途中最大的绊脚石。

3. 时间管理也需要断舍离

2007年时，乔布斯说iPhone将重新定义手机时，他没想到的是，智能手机也重新定义了人们的注意力。不可否认，手机，尤其是智能手机，确实改变了我们的生活，但同时也降低了我们的专注力和自律能力。原本现实世界的压力、挫折和实打实的痛感，让我们内心时常冒出想要逃避的念头，这些年智能手机等通信设备的普及，恰恰让人们有了一种完美的逃避方式：等车的时候刷手机，吃饭的时候刷手机，不想工作的时候刷手机……

从此，手机几乎无时无刻地渗透每个人的生活，使人们的注意力更加分散，无论是工作还是休息时间，都不自觉地想要去滑一下手机界面。

过去的社会无论如何浮躁，至少每天还可以抽出一两个小时，专注于手头上的事情，而现在的社会，平均每一个人，每六分钟就要看一次手机。手机让我们灵魂分散、心不在焉，手机成了吃掉时间的隐形黑洞。

除此之外，美国大学的一项研究成果表明，人们得了一种新的现代病——多屏幕症候群（multi-screen syndrome）。除了手机之外，人们习惯同时开着电视、电脑，总觉得这样就可以同步进行多项工作，让生活更加高效，但实际上却并非如此，这样做的效率远不如专注于一件事情。

正是因为这个惯性的动作，可能会随时打断我们学习或者工作的状态，不仅使我们的注意力无法长时间集中，更是把我们的时间切成了细小的碎片。

计算机和网络的日益发展，使我们有机会接触更多的信息，同样大量的信息涌入，也使我们的生活和工作受到了严重的打扰。也是因此，专注度和自律能力的下降，成了每一个公司、企业都要强调的问题。

2010年，日本杂物管理咨询师山下英子在《断舍离》一书中，首次提出了断舍离这个概念，断舍离的意思就是，把那些"不必需、不合适、令人不舒适"的东西统统断绝、舍弃，并切断对它们的眷恋。

时间管理同样也需要断舍离，信息时代，很多人的兴趣爱好会停留在各种社交软件和游戏上，而且花在碎片信息上的时间，对我们而言除了使我们的拖延症更加严重之外，没有任何的好处，同时造成了工作时间的浪费。必要的时候，可以将手机调静音，关闭QQ、微博、微信等，远离这些很容易降低专注力的事情，使自己处于一个安静平和的状态。

可能大部分人都曾经思考过这样一个问题：生命是什么？

有人说，生命是奋斗；有人说，生命是与家人和爱人相伴；还有人说，生命就是活着。

但我觉得，生命就是时间，我们之所以活着就是因为我们有时间，反之，我们死去的时候，我们就没有时间了。

假如一个人可以活到80岁，一年12个月，一生的时间也不过960个月。当然我们都希望，在这有限的时间里，走更多的路，做更多的事情。时间是生命的原料，我们有多大的成就，取决于怎样利用我们的时间。

每一段上坡路都不会走得很轻松，每一个人也都会有筋疲力尽想要停下来休息的时候，这并不是什么羞耻的事情，最可怕的是，我们就此放弃了，就再没有任何机会了。被人们称为"水彩奶奶"的 Cathy Johnson，60 多岁才开始提笔画画，在 88 岁终于成为网红，她的画红遍了全世界。

所以不要总是问，我现在开始会不会太晚了。一个人真正变老的标志，并不是生理年龄的逐渐老去，而是从此放弃学习和提升自己的机会，他的人生从现在开始，可以看到往后几十年不会有任何改变。

时间管理一直是一个亘古不变的话题。

对于时间管理这个永恒的课题，这些文字远远不能陈述其精髓；对于实践时间管理这个活动，也不是短时间内就能够速成的，而是需要我们长期的摸索。

通过本章，希望给大家一些启发，至少不要放弃与时间同行，任何好的建议和方法，没有付诸行动，最终都只是纸上谈兵，只有不断地尝试，才能慢慢地摸索出真正适合自己的时间管理方法。

BUJU RENSHENG　TONGWANG CAIFU ZIYOU ZHILU

THREE

演讲力　如何说出我世界

坚定内心的信念，能让你变得更加自信，最终在人群中脱颖而出，成为演讲台上一颗耀眼的新星，拥有令人瞩目的沟通能力。

第一节　高效的沟通可以事半功倍

鲁迅先生在《门外文谈》中，在提到人类语言的起源时，写过这样一段话：我们的祖先原始人，原是连话都不会说的，为了共同协作，必须发表意见，才渐渐练出复杂的声音来……

总结一下这句话的意思就是，因为需要沟通，所以人类才发明了语言。

事实上，不仅仅是语言，还有文字、图画甚至包括后来的电报、电话，也都是为了能够让人与人之间的沟通更加便捷高效才应运而生的。

有一位心理学家曾经说过："我们每一个人均有与他人沟通的需要，人类可利用沟通，克服孤单和隔离之痛苦，我们有与他人分享思想与感情的需要，我们需要被了解，也需要了解别人。"

可以这么说，有人的地方就少不了人与人之间的沟通，婴儿在牙牙学语之前，就会使用哭闹、手势以及各种身体语言与父母和家人进行沟通，获得需求上的满足；网络上层出不穷的各种社交软件，目的也是沟通；甚至连各种媒体上名目繁多的广告、路边随处可见的广告牌，也都是为了达成商家和消费者之间的某种沟通。

沟通，在日常生活中无处不在，必不可少。而沟通最主要的目的，毫无疑问就是传递信息。

可能有人会对沟通不屑一顾，他们想当然地认为，沟通不就是跟别人说话吗，谁不会呢？别说是张张嘴巴说话了，世界上甚至还有那么多没有语言能力的聋哑人呢，他们不都过得好好的吗？

沟通能力，真的如想象中这么不重要吗？

20世纪初期，西方国家完成了第二次工业革命，开始进入第三次信息革命时代。生活在那样的时代里，人们开始越发地认识到信息的重要性，以至于只要你拥有一份和信息行业相关的普通工作，就可以非常引人注目。到了20世纪中叶，整个世界已然正式步入信息化时代，这个时候，信息行业已经不是什么新鲜事物，你如果是一名信息行业的从业者，也许只能获得一些物质上的奖励和口头上的表扬，而不再是人们眼中的吃螃蟹的那群人。而到了现如今这个时代，各行各业的从业人员，从某种意义上来说，都可以说是半个信息从业人员，因为各行各业每天需要收集、分析和使用大量的信息去完成工作目标，拥有和掌握足够的信息，已经不再是一份工作，而变成了跟吃饭、穿衣和睡觉一样必不可少的日常行为，不论是工作，还是生活，哪怕是娱乐，你都需要大量的信息作为辅助，其他人也跟你一样，每时每刻、每分每秒都在从互联网、电视、广播和各种移动设备媒介中，获取海量的信息。你的声音、能力和才华，很多时候都被掩盖在嘈杂纷扰的信息世界中，难以准确、有效地传递出去，更难以令别人接收到。

单丝不成线，独木不成林，哪怕是植物，也不可能孤立生存，作为高等生物的人类更是如此，我相信，每个人生来都具有沟通的能力。

但是，人和人之间的沟通能力却有如云泥之别。在我们的朋友圈里，可能都会有这样一些人，他们天资过人，或是在某一个领域有着极高的技能，可他们总是跟机会失之交臂，他们满腹的才华和能力，总是无人赏识，英雄无用武之地，甚至说不定，此时正在阅读这本书的，就是这样一个怀才不遇的人。

如果你认识这样的人,或是你自身就是这样的人,那么,我接下来要写的内容,可能会令你感到有些不愉快,甚至有些残酷——这个世界上其实根本没有真正的怀才不遇,如果你是一匹千里马,只要你拥有足够的沟通能力和表达能力,一定会吸引到伯乐的眼光。

北周的著名将领贺若敦,骁勇善战,屡建战功,但是因为曾经在公开场合口出怨言,为北周晋王宇文护所不容,逼其自杀。贺若敦临死之前,嘱咐自己的儿子贺若弼:"吾必欲平江南,然此心不果。汝当成吾志,且吾以舌死。汝不可不思。"

这句话的意思就是说,贺若敦原本想要平定江南,现在已经无法实现了,希望儿子能继承他的遗志。除此之外,他还格外强调,他是因为逞口舌是非,才招致杀身之祸,以致难成大业,希望儿子能够引以为戒。

为了让儿子牢记自己的惨痛教训,在嘱咐完这一切之后,贺若敦还用锥子把贺若弼的舌头刺出了血,告诫他一定要慎言。这就是历史上著名的"锥舌诫子"的典故。

贺若弼长大之后,也和他的父亲一样出色,史书上记载他"少时骁勇,善骑射,博涉书记",在隋朝大举伐陈的时候,贺若弼任行军总管。可是,隋朝定天下之后,隋文帝在仁寿宫宴请王公,贺若弼却做了一首满怀怨言的五言诗,自此被隋文帝疏远。隋炀帝继位没多久,贺若弼就被冠上"诽谤朝政"的罪名,惨遭杀害。

非常可惜,即便有父亲临终前的"锥舌诫子",贺若弼仍旧没有逃脱祸从口出的悲剧命运。历史上诸如此类的故事比比皆是。贺若敦和贺若弼父子都是战场上骁勇善战的英雄,如果不是因为总是在错误的场合发表错误的言论,他们的前途都不可限量,定将成为国家的栋梁之材。

他们之所以给自己引来杀身之祸，说白了，就是因为他们仗着自己的军功和成绩，而忽略了沟通的技巧和重要性。美国黑人作家玛雅·安吉罗曾经说过："人们也许会忘记你说过什么，但永远不会忘记你的话曾经带给他们什么样的感受。"

通常来说，沟通有两个层面：第一层就是日常生活中随处发生的沟通，比如我们想要把自己内心的所思所想，用语言表达出来，比如我们要和别人陈述某些事情发生的经过，比如回应别人的询问等，这些沟通发生得自然而然，无须太多的技巧和准备；而第二层的沟通是为了影响其他人的情绪和感觉，希望他们对自己说的话有所触动，并产生共鸣，在这种情况下，沟通就不仅仅是说话那么简单了，而是要考验自己平日里积累的知识、洞察力、信息和灵感等诸多方面，在这种情况下，沟通就变成了一种诱导行为。

我们每个人平均每天都要在沟通上花费75%~90%的时间，却从来没有真正地训练过沟通的技巧，也从来不知道什么是真正的高效沟通。良好、高效的沟通，不但要把沟通的目的，用最中肯、最简洁和他人最容易理解的方式表达出来，更要把他人的利益和感触考虑在内。

因此，现代管理学亦将沟通提升到极其重要的地位，认为——"管理就是沟通"。

沟通是一名管理人员必须要具备的能力之一。那么如何才能高效地沟通，高效沟通又有什么必要的注意事项呢？

1. 开场白的重要性

很多人最容易犯的一个错误，就是误以为所有的听众或者是和你谈话的人，都会全心全意地倾听你讲的每一句话，事实上却并非如此。他们可能和你面对面地坐着，他们的眼睛也可能正在直视着你，但是他们的脑子里却很可能在想着其他毫不相干的事情：比如这次谈话结束要去哪里喝杯咖啡？最近上映的哪部电影好看？还有什么样的工作没有完成……

总之，你的听众未必真的会听你讲话，所以，要想得到其他人的关注，要想让别人尽可能多地从你的话中得到更多你想要传达的需要，其中的技巧性必不可少。首先，你的开场白就尤为重要。

对初入职场、为了赢取一份工作而参加面试的年轻人来说，在HR人员面前，你开口说的第一句话，以及开场的方式，都至关重要，你必须在极其简短的开场白时间里，获取对方的信任和好感，引起他们的注意，让他们有兴趣去聆听你接下来的陈述内容。

俗话说："好的开始是成功的一半。"开场白就相当于音乐作品里的定调，它决定了整支曲调的风格和基调，亦决定了你接下来要说的所有话的气氛和走向。很多人喜欢在自我介绍的开始先东拉西扯一番，甚至会讲一些不合时宜的笑话，觉得这样可能会让氛围变得轻松一点，这样做确实有一定的好处，但并不是每个人都能拿捏好玩笑的尺度。在完全陌生的人面前，为了确保谈话能够顺利向下进行，开场白一定要简短有效，用最直接、最简单的办法，提炼说话要点，简化表述的语言，把你要表达的主题直接说出来，就像一支箭要射中靶心一样，让大家在最短的时间内了解到你要表达的重点。

这样做的好处是，瞬间让对方明白这次沟通的目的，明白你要向他传达的信息要点，并引起他们的注意，这也是高效沟通最简单有效的做法。就如同说书先生的惊堂木一拍，有立惊四座的效果。

当然了，在一些非正式的沟通场合，讲一个与话题有关的笑话或者小故事，拉近与沟通者的距离，可以适当地活跃氛围，集中听众的注意力。只不过选择故事或者笑话的时候一定要注意，如果是大家都听过的老套的故事，很容易引起冷场的后果，不利于沟通氛围的营造。

2. 不容忽视的身体语言

法国著名作家罗曼·罗兰曾经说过，**人类的面部表情是经历了多少个世纪才培养成功的语言，是比嘴里讲的复杂千百倍的语言**。这里所说的"面部表情"，实际上就是身体语言的一种。

研究表明，在沟通的过程中，你所讲述的文字内容带来的影响只占7%；声音带来的影响可占到38%；而剩下的55%都来自视觉上的影响。想要在视觉感官上影响被沟通者或者听众，实现高效沟通，身体语言绝对是不容忽视的。一个小小的姿势和细微的举动，都能无声地传递出说话者的喜怒哀乐，有着"此时无声胜有声"的效果。

不妨想想平日里我们看过的那些演讲，有的人只是低着头念稿子，从头到尾都不愿意抬起头来看一眼坐在台下的听众，这充分显示出演讲者很紧张、没有自信心，作为观众，自然有理由去质疑演讲者所要传达的信息，是否足够有信服力；有的人演讲的时候，从来不愿意挪动一下身体，而是像一尊雕塑一般站在原地，把演讲稿背完，这就给人带来一种刻板、没有活力的感觉，令人感觉他们的演讲内容也是制式的、没有灵魂的；还有的人则刚好相反，他们总是前后摆动身体，目光也总是四处闪烁，这会给人一种演讲者不够稳重，甚至很浮躁的印象。

诸如此类的身体语言上的小小错误，无论是在日常的交际中，还是在工作会议上，抑或在演讲台上都屡见不鲜，这些不经意的小动作，很可能会破坏你辛辛苦苦建立起来的好形象,更令你花了大量时间和心力打造出来的演说内容大打折扣。

反之,正确而得体的面部表情和身体语言,会令你传达出的信息更加有说服力,也令人更容易接受,起到事半功倍的加持作用。

该如何通过面部和身体语言给自己的沟通能力加分呢?

法国启蒙时期的著名思想家孟德斯鸠曾经说过:**声调、语气、眼神和态度所含的雄辩能力,比字句的选择还有力量。**(有关声调和语气,我们会在本章的第四节做更为详细的解说)

人们都说眼睛是心灵的窗户,因为一个眼神,能够表达很多难以用言语传递的信息和感情。在和别人交谈的时候,直视对方的眼睛可以表示你正在专注聆听,对对方的陈述内容非常有兴趣,令对方感觉到尊重。相同的道理,在说话或者演讲的时候,比起眼神闪躲逃避,正视你的听众才是正确的做法。

如果是站在演讲台上,台下的听众数量比较多的时候,可以在心里先大致划分一下现场的区域,视线的焦点可以依次在不同的区域里停留,每个区域都要兼顾到,令每一个区域内的听众都感觉到自己受到重视。转移视线的时候也要随意和自然,这才不会显得自己过于慌张。在演讲的过程中,目光也可以集中地停留在某个区域的一两个人身上。切记,视线千万不可越过听众,遥望着远方,因为这种做法会让你显得茫然失神或者目空一切。

除了眼神之外,手势也可以帮助你提升气质和演讲气氛。一般情况下,跷起大拇指,可以表达鼓励的意思;伸出食指直指向下,可以强调当前在说的这个话题的重要性;伸出整个手掌,会给人一种掌控全局和引导的感觉;而握紧拳头,可以表明你的决心,或者激励听众的时候也可以这样做。

如果是站在讲台上，适当地移动身体，也会使现场的气氛有点变化，但也要避免机械式地漫无目的地来来回回，因为这样会令观众觉得烦躁不安。

在日常生活中，确实有一些本身就有演讲和沟通天赋的人，但大部分人并不是这样的天选之子，大家不论是在面试中、在和上司和客户的沟通中，还是在正式的交际场合中，甚至于在一些需要公开演讲的时候，都会在沟通中遇见各种各样的问题，但是这些问题并不是无解的。诺贝尔文学奖得主萧伯纳也说，想要学会演讲，就必须固执地、一个劲儿地让自己出丑，直到娴熟为止。

只要不放弃，通过反复的训练，任何人都有机会成为一个合格的沟通者，准确而高效地传递信息。

3. 倾听同样很重要

沟通，顾名思义，它是一个信息的交换过程，沟通的目的不仅仅在于传递信息，接收信息同样极为重要。

日本明治大学的教授斋藤孝在《如何有效地提问》一书中写道：**沟通的关键，并不在于我们是否能够说出重点，而是在于能让对方说出多少重点。**

社交的过程中，我们都会倾向于与自己投契的人来往，古语中所谓"话不投机半句多"，大致就是这个意思。

在生活中我们可以选择与自己"聊得来"的朋友进行沟通，但是在工作中就没有这样的自主选择权，无论对方有多么难以沟通，因为需要做工作上的接洽，我们都要硬着头皮与对方进行沟通。在这种时候，沟通能力对于能否完成工作而言，显得尤为重要。

我们经常看到一些人，因为某些很小的事情无法谈拢，进而两人争论得面红耳赤。这种口舌之争不但对完成工作没有任何实质性的帮助，更会使原本毫无利益纷争的两人交恶，给日后的工作带来极大的隐患。这种不理性的沟通，会给生活和工作带来极其负面的影响。与其争论不休没有定论，倒不如先安静下来，给对方几分钟时间，让对方先发表完自己的意见，找到问题出现分歧的关键，然后再慢慢地寻找突破口，求同存异，各退一步，进行事务上的有效接洽。

总而言之，沟通的目的是更好地生活和工作，很多人会因为对方的言辞不当，滋生一些小情绪，于是"话不投机"，索性撂挑子逃避。这不但不能完成工作，反而会增加了人与人之间的隔阂，也令自己时时处于一种负面和消极的工作氛围之中。

在遇到沟通上的困境时，只要大家记得，这个时候的重点不在于说话，而在于倾听和思考，继而随机应变，长此以往，你便会渐渐掌握沟通的主动权，成为一个成熟而高效的沟通者。

第二节　灵活处理突发状况转危为安

无论在日常生活中，还是在工作中，出现危机都是无法避免的。

良好的沟通能力，能够帮助我们顺利地度过危机，甚至从危机中寻找到转机，汲取到正向的能量。

利用沟通能力处理危机的经典案例，莫过于我们小学课本上就学过的《晏子使楚》。

春秋时期，齐国派大夫晏子出使楚国。因为晏子向来以擅长辞令而闻名天下，楚王特意让身边的人想了几个点子，准备刁难晏子。

晏子来到楚国之后，楚王设宴请晏子喝酒。宴席中途，两名公差绑着一个犯人来到楚王面前，楚王问公差："这个人犯了什么罪？"

公差回答说："这个犯人是齐国人，是因为犯了偷窃罪被我们抓起来的。"

楚王便问晏子："是不是你们齐国人都擅长偷东西？"

晏子起身，恭敬地回答道："想必大家都听说过这么一句话，橘生淮南则为橘，生于淮北则为枳。意思就是橘树生长在淮河以南的地方就结出甜美解渴的橘子，生长在淮河以北的地方就结出干涩难吃的枳，虽然它们看起来差不多，但果实味道却完全不同。为什么会这样呢？那是因为不同的水土对它们产生了不同的影响。这个犯人在齐国从不偷东西，到了楚国就犯了偷盗罪，莫不是楚国的水土不太好？"

原本楚王是想让晏子当众难堪的，却不料晏子轻轻松松几句话，就把危机化解于无形，反而还将难堪丢还给了楚王。

相信每个人都有过当众讲话失败的经历，这种刻骨铭心的出糗经历，有时候会令我们"一朝被蛇咬，十年怕井绳"，让我们从此害怕跟别人沟通，变得畏畏缩缩。这样就大错特错了，正因为曾经犯过错误，我们才有机会从错误中汲取经验和教训，提醒自己从此不再犯同样的错误，而不是因噎废食，裹足不前。

只有不断训练自己的沟通能力，才能从错误中获得成长，从危机中寻找到转机。

下面，我为大家提供几个应对沟通失败场合时的对策。

1. 怯场

在公众场合中，最常见的沟通危机就是怯场。虽然，你可能在演讲或者做报告之前查阅了很多资料，反复地背诵过演讲稿，做了非常多的准备工作，但是在离演讲日期越来越近的日子里，你的情绪却不受控制地绷得越来越紧了，只要一想到自己即将在众人面前说话，你就忐忑不定，坐立难安。终于站到了演讲台上的那一瞬间，你可能突然间会脑子里一片空白，如鲠在喉，明明背得滚瓜烂熟的演讲稿，此时却一个字都想不起来，明明排演了很多次的演讲，最终讲得结结巴巴，尴尬收场。

归根结底，造成这种怯场心理的本质原因，就是评价忧虑，所谓的评价忧虑，说得更直白一些，就是你太过于在意别人的眼光了，为了能够赢得别人赞许而肯定的眼光，你每时每刻都在怀疑，自己的演讲稿是不是不够完美？会不会让听众觉得乏味？万一讲得不好，或者出现错误，是不是真的很丢脸？演讲失败之后，会不会给自己日后的生活带来恶劣的影响？甚至有可能给自己造成一生难以抹去的污点？

除了评价忧虑之外，造成怯场的另一个重要原因，就是结果忧虑，所谓的结果忧虑，就是你太过于在意这场演讲可能会给你带来的结果，换言之，就是将这场演讲看得太过于重要了。当然，这场演讲可能真的十分重要，比如说，你要在众多的领导面前作报告，在座的都是你的顶头上司，他们对演讲内容的看法和评价，很可能直接决定你的职场未来，颇有一种"不成功则成仁"的压力。

又比如说，你平日里只在自己的小组发言，听众通常只有十几个比较熟悉的人，突然有一天，你要作为这支小组的代表，在两三百个陌生人面前发言，听众数量的增多，也很可能会造成怯场。

总之，不论是出于何种原因造成的怯场，应对的方式都是大同小异的，与其一直捧着演讲稿死记硬背，不如丢开演讲稿，索性让自己完全放空下来。

克服怯场最常用的方法，就是做深呼吸。深呼吸不但可以让大脑得到充足的氧气，令其具有应付更高强度演说的蓄力，还能够帮助你在演讲中控制气息和演说的节奏。如果上场之前，出现心跳加速，头脑一片空白，手心出汗之类的现象，不要惊慌，站在原地闭上眼睛，深深地、慢慢地吸一口气，再缓缓地吐出去，如此反复几次，把所有的注意力都放在呼吸这件事上，很快，就能让你的情绪逐渐平复下来。

某些小幅度的肌力锻炼，也能起到安抚情绪的作用。肌力训练原本是用来增强肌肉收缩力量的运动训练，主要针对由各种原因引起的肌肉萎缩所导致的肌力下降。因为怯场而造成的紧张感，很可能导致肌肉紧绷，尤其是面部肌肉。肌力训练可以使肌肉的形态和功能发生适应性的变化，使肌肉的功能处于良性运作的状态。在临上场之前，可以找一处僻静的墙壁，固定住脚掌，慢慢地压腿，拉伸大腿后侧的肌肉；如果在演讲的中途突然感觉紧张，身体不受控制地颤抖，也可以用力地握紧拳头，然后慢慢地松开，反复几次，以此来缓解紧张的情绪。这样有规律地让某部分肌肉紧张和放松的锻炼，不仅可以令你更准确地表达出身体和面部语言，还可以有效地分散注意力，缓解情绪紧张的状况。

除此之外，转移注意力也是不错的方法，如果还没上场，不妨和身边的人聊聊天，或者给自己倒杯水，刷刷手机上自己感兴趣的资讯，总之，不要让自己总是沉浸在演说前紧张的气氛中，更大可不必一直去幻想演讲失败的后果。

怯场是精神上和情绪上的忧虑共同造成的，每个人都会怯场，但是过分的怯场，很可能会将你辛辛苦苦准备好的演说全部搞砸。既然决定去做一件事，就一定要有承担失败的勇气，最差的结果，也不过就是失败，从头再来。如果能保持着这样乐观而坚韧的心态，相信怯场这件事就会变得不再那么可怕了。

以上这三种方法只是临上场时缓解紧张的一些小贴士，真正要克服怯场，还需要平日里不断地锻炼，如心理学上的脱敏治疗那般，从在一个人面前演说开始，逐渐增加人数，变成四五个乃至四五十人，循序渐进地让自己适应在众人面前讲话的感觉，久而久之，自然也就不会怯场了。

而事实上，在演说中适当地保持一点紧张感，可以令你的精神和注意力更加集中，换个角度来看，这也未尝不是一种好事。

2. 冷场

你们有没有碰到过这样的情形：一群朋友原本正在欢乐地聊天，结果你一开口现场瞬间沉默了下来。

不只是聊天的场合，在众人面前演说或者和领导汇报的时候，这种"突然间的安静"也经常会发生，令人非常尴尬。没错，沟通过程中最害怕的第二个问题就是**冷场**，冷场之后那种不知所措、狼狈不堪的感觉，相信每个人都刻骨铭心。

但冷场并不是什么大不了的事情，每个人都会有冷场的经历。有的人冷场的时候，仍旧可以嘻嘻哈哈地一笑而过，也有的人一旦遇到冷场就觉得头脑一片空白，继而手忙脚乱，不知道该如何处理，反而令在场所有的人都陷入尴尬中，难以收场。

但你们有没有仔细思考过，为什么会冷场呢？

试想一下，如果身边都是你熟悉的朋友和家人，会冷场吗？似乎不会对不对？因为大家对彼此都很熟悉，对彼此的行事作风、说话风格也都很熟悉，所以基本上不会出现冷场的现象。冷场最根本的原因就在于，大家彼此之间还不够熟悉。你说的话听众没有兴趣，又或者听众听不明白你要表述什么，另外如果演讲现场的气氛过分压抑，也很容易造成冷场的现象。

如果仔细观察那些平日里不善于沟通的人，就会发现，他们最大的问题并不是语言表达能力弱，而是总是强迫别人无条件地接纳自己的意见，认同自己的观点，因此，让很多人都对其敬而远之，拒绝接近他们并和他们做进一步的交流。

很多人也许平日里没有表现的机会，难得上一次台，难得在公众面前露一次脸，也难得有机会在更多的人面前展现自己，所以迫不及待地想要把自己所有的观点都表述出来。却不知这样做反而会让人心生反感和抵触的情绪。将心比心，你是否愿意听一个陌生人喋喋不休地在你面前一直说一个你不喜欢，甚至令人反感的话题，还强迫你认同他，赞同他？在公众场合之下，别人不可能当众反驳你，冷场就成了他们对这个话题表示不感兴趣的一种方式。

这个时候，不妨变换一个话题，或者穿插一些奇闻趣事来增加趣味性，来适当地活跃一下气氛，重新吸引他人的注意力。又或者暂时把话语权交付出去，在现场制造一些小小的互动，给别人几分钟时间，让自己暂时休息一下，倾听一下别人的意见。这种变换场景的方法，能缓解冷场的尴尬，在跟倾听者之间有了一定的了解和熟悉度之后，再把话题转回到原来的轨道，或许就会起到比较理想的效果了。

比起演讲的内容枯燥乏味，那种毫无目的的聊天或者演讲，更容易发生冷场的现象。当听众发现演讲内容没什么要点的时候，自然就不会给予太多的关注，冷场也就成为自然而然发生的事情。

因此，无论演说或者讲解任何问题，抓住重点才是最主要的，讲话的内容一定要能简洁明了地表述目的，这样就能牢牢抓住听众的注意力，根本无须没完没了地唠叨，更加不必为了缓解冷场，而去刻意地讨好听众。

3. 突然被刁难

我们总是会遇到一些不怀好意的人，原本我们就和他们毫无瓜葛，甚至连话都没说过几句，但某些时候，总有这样的人突然跳出来，对你说一些冷嘲热讽的话语，让你难堪，偏偏你拿他们一点办法都没有。

这种在公众场合下故意刁难别人的人，确实很讨厌。这些人不但在日常生活中会遇到，甚至当你站在聚光灯下，当众演说的时候也避免不了，这种情况下该如何应对呢？

其实这种事情，并不是只有我们这样的普通人会遇到，甚至连一些大人物也无法避免。马云带着阿里巴巴走向成功之后，开始逐渐出现在人们的视线里，无论是在电视里还是在网络上，我们总能看到马云侃侃而谈的样子。实际上，马云也曾经多次在演讲中被人刁难，但他总能通过和善的态度和幽默的语调，机智地化解危机。

想要解决问题，自然要知道问题的症结之所在，与其生气和懊恼，不如好好想想，为什么这些人总是喜欢故意刁难别人。一般来说，这些人突然发难主要有以下几个原因：

第一种情况，听众确实遇到了一些问题，想迫不及待地从演讲者那里得到答案，从而忽略了当时的场合和氛围。遇到这种情况不要着急，只需要花一分钟时间给对方留下联系方式，告诉他等到演讲或者会议结束，再进行讲解和探讨即可。

第二种情况，听众想要试探演讲者的水平，所以故意当场出难题。如果这个时候，自己准备充分或者有能力答复，那自然是最好不过的，这次危机也很可能会成为你闪光的契机。但如果自己毫无准备或者内心抗拒回答的时候，又应该怎么办呢？这时，不如把这个问题留给其他人。

这时候可以说："这位朋友的问题非常有意思，不过刚才都是我一个人在说话，正好趁这个机会，大家一起讨论一下……"然后把问题恰到好处地丢出去，让其他人各抒己见，最后自己稍微做一个总结，结束这个话题即可。

第三种情况，有一些人就是喜欢故意出难题，引起演讲者的注意，让自己出风头。这种情况下，如果时间充裕条件允许，也可以让在场的人给他一点鼓励和掌声，让他表达一下自己的观点，最后予以肯定。如果对方真的只是来故意闹事的，那也不必客气，可以直接联系其他工作人员帮助。

在一次公司年会的演讲上，马云作为最后的压轴出场，在他的演讲进行到高潮的时候，突然有一个年轻人举手发问，并毫不客气地要与马云来探讨一些问题。根据当时的情况，马云同意给对方半分钟时间发表意见，但没想到对方却要求十分钟以上，并且不等马云回答，他就开始蛮横无理地在现场发表演说。他一开口，马云就知道这个人并不是真的是来探讨问题的，而纯粹是来闹事的，于是立即呼叫保安，把这位仁兄请了出去。

在处理这场刁难事件中,马云没有表现出恼怒,而是先礼貌地给了对方表达观点的时间,在确定了对方发言的目的不是解惑也不是考验自己之后,他果断地采取了请对方离场的对策。

说话和演讲的本质是相同的,都是为了表达意见,更好地沟通,而不是为了搬弄是非,这种不懂得尊重别人的人,自然也不值得我们去尊重,总之,无论在什么场合,不管遇到任何问题,首先都要保持冷静,仔细分析当场的情况,并始终保持优雅和礼貌。只要达到了自己预期演说的目的,所有的突发状况都不过是一些小问题和小插曲而已。

第三节　方式比内容更重要

汉语可以说是世界上最复杂的语言之一,同样一个观点,用不同的方式说出来,所表述的意思,以及给人带来的感觉和影响,都完全不同。

比如说,一个小朋友做了错事,父母不管三七二十一,上来就指责孩子:"你这么做是错的!你真是太不懂事,太笨了,你看别人家孩子多么听话,多么聪明,我怎么养了你这么一个坏孩子……"

又或者父母能换一种方式,耐心地询问小朋友:"你能告诉爸爸/妈妈,为什么要这样做吗?你愿意独自承担犯错的后果吗?"

同样是为了让小朋友认识到自己的错误,吸取教训,以后不再犯。

两种说话方式起到的效果是截然不同的，第一种方式十分直接，而比起让年幼无知的孩子意识到错误并改正错误，父母似乎更多的是想要宣泄自己的委屈和情绪，这样做不仅起不到预想的效果，反而还会令孩子产生恐惧和逆反的心理，不利于孩子身心的发展，可以说是失败的沟通策略；而第二种方式明显更加委婉，它通过心平气和的对话，让孩子自己意识到错误，并明白犯错的后果是什么，从此牢记这次教训，不再犯同样的错误。

同样是让孩子认错和改错，不同的说话方式，起到的效果截然不同。

经常有一些人为自己不会说话找借口，称自己是"刀子嘴，豆腐心"，他们觉得自己虽然经常说伤人的话，但是内心是善良的，企图让别人原谅自己说话的恶毒。但实际上，很多人被"刀子嘴"刺痛一两次之后，根本就不会再与此人深交下去了，因为没有人喜欢在和别人说话的时候，动不动就被刺上一刀的滋味。

事实上，如果你的内心真的足够善良，你的言语必然也是善良的。而你之所以是"刀子嘴"，只是因为你不够善良，你不知道语言有时候跟匕首一样，可以伤人，试问，一个会用匕首伤人的人，你认为他的内心能有多善良？

所以，就算你的内心再善良，如果你不会好好说话，你就无法成为一个好的沟通者，更无法在沟通中获益。

说话的方式相当重要，甚至比表达的内容更加重要。

1. 工作中的表达方式的误区

在工作过程中，我们一般都会与这样五类人打交道：上级领导、平级同事、其他部门的同事、客户以及供货商。大多数人都遇到过由于没有及时沟通或者沟通不畅，导致各个部门或者同事之间，又或者是上下级之间产生误解和猜疑的情况。追究沟通失败的原因，大多数时候都是说话的方式出现了问题。

比如说，你希望某位同事在去领导办公室的时候，顺便帮你把一份文件交给领导，如果你直接说："×××，把这份文件交给领导。"这样的话听起来就非常强硬，充满颐指气使的气息，很容易引起别人的反感。

如果换成是"×××，能不能顺便帮我把这份文件交给领导？"虽然，这两句话要达成的是同样的目的，但是第二种说法，听起来就有真心请求对方帮忙的意思，也会显得更加礼貌，令对方很愿意帮你这个举手之劳。

由此可见，同样的目的，通过不同的沟通方式，带来的效果是完全不同的。在工作中，沟通显得尤为重要。在正常情况下，就事论事是沟通中最基本的原则。但是很多人总喜欢在说话的时候，加上自己的主观臆断，把原本简单的事情搞得复杂，把原本的小事扩大化，把很容易解决的事情变得难上加难。有的人说话的时候，总喜欢用命令的语气，这会给人一种不受尊重和被冒犯的感觉。有的人说话的时候喜欢用反问句，这也会给人一种咄咄逼人的感觉。

举个例子，比如你忘记了回复某个客户的电话，领导提醒你的时候，如果对你说："这么重要的电话你怎么给忘了？"听起来就充满了埋怨，令你心中顿感压力重重，但如果他换成一个陈述句，对你说："以后客户的重要电话要及时回复。"语气就相对柔和了许多。

某些主管和领导为了证明自己的威信，在和下属讲话的时候，总喜欢用命令式的语气。虽然，他们布置工作给下属确实是下达命令，但用不同的方式表达出来，给人的感受是完全不同的。

假如你的领导要求你在这周五之前，完成一个策划方案，他直接跟你说："×××，策划案周五下班之前务必要做完交给我。"又或者他换一种方式，跟你说："×××，我相信以你的能力，周五下午之前一定可以完成的。"哪一句话听起来你更容易接受呢？想必每个人心中都有答案。

命令式的说话方式，会给人一种居高临下的感觉，令人感觉受到践踏和蔑视，会削弱对方做事的积极性。即便是身为领导，有时候注意一下自己说话的方式，也能提高沟通的效率，达到事半功倍的效果。

语言虽然是人际沟通和交流的桥梁，但人在情绪不稳定或者激动愤怒时，通常会受到情绪的影响，说一些违反本心的话，很多的争吵和斗殴最开始的缘由，很有可能只是一句违反本心的"无心之言"。

激动愤怒的情绪会导致理智的下降，这个时候尽量少说话为妙，以免造成祸从口出的恶劣后果。

2. 通俗易懂是最基本的原则

无论写作还是说话的时候，总有一些人喜欢炫技，就是偏向用一些比较生僻难懂的语言来表达，证明自己的才华和个性，并因此沾沾自喜。实际上，这并不是一种明智的做法。

说话的目的在于沟通，而一些书面语、专业术语和生僻字词，不但会听得人一头雾水，还有可能会误解了说话者原本要表达的意思。

唐朝诗人白居易每次写完诗的时候，都会读给老奶奶听，老奶奶听得懂的词句，他就留下来，听不懂的就直接删掉，正是因为如此，他的诗词才能做到妇孺皆知、广为流传。说白了，白居易对自己的要求，也不过就是通俗易懂而已。试想一下，哪怕你再聪明，你的方案再厉害，然而你表达的方式没有任何人能理解，那又如何让其他人来认可你？

所以，通俗易懂是人与人之间沟通的最基本要求。

除此之外，还要尽量地防止歧义。不管是哪种语言，都会有一些同音字词，他们的意思却大相径庭。

比如说"进食"和"禁食"，是相同的读音，但意思却完全相反。不要小看这些小小的错误和细节，如果在关键时刻弄错了这些词，会造成难以想象的后果。

比如医生嘱咐手术后的病人，让他 24 小时内禁食，如果被病人误以为是"进食"，很可能会导致术后出现很多不必要的麻烦。这个时候，最好用不容易混淆的、更简单的方式来表达，比如说"24 小时内不要喝水和吃东西"，就更容易让病人理解其中的意思。

总而言之，说话是为了交流和沟通，既然最终要达成的是这个目的，就用一种最简单、最高效的方式去实现它。切莫为了显示自己独特的个性和超越常人的才华，而本末倒置，令人无法准确地接收你要传达的信息。

3. 实用的说话方式——PREP 法则

说到说话的方式，这里就不得不提到 PREP 法则。

PREP 法则最开始只是一种邮件书写法则，而后逐渐被人们重视，并应用到平时的工作汇报和即兴演讲中。所谓的 PREP，就是 Point（要点）、Reason（理由）、Example（具体举例）、Point（重申要点）四个单词的首字母。实际上也是一种说话的方式。按照 PREP 的顺序来书写邮件或者表达观点，能够简明而准确地传达出你想要表达的事情。

也许 PREP 法则看起来很抽象，难以理解，那么我们不妨把它看作是一次普通的论文写作，这样就比较容易理解了。

第一步，Point。在开口的时候，不要犹豫，直接把自己要说的观点或者主题亮出来，这样能让别人在最短的时间内，明白你接下来要说的内容，这也就是你论文的论题。

第二步，Reason。就是告诉别人，为什么你支持这个观点，或者得出这个结论的理由，也就相当于我们写议论文时候的"讲道理"，一般来说，只要提出两到三个充实有力的理由即可。

第三步，Example。举例子说明支持这个主题的原因，相当于写论文时候的"摆事实"，最好是一些过去真实发生过的案例，尤其是自己亲身经历过的事件，这样的例子更加容易让人感同身受。

第四步，Point，得出结论。重复和强调一下你的观点，加深听众的印象。

PREP法则可以简单理解为，首先明确地说出结论，举例讲明理由，最后重新得出这个结论。为了让大家更好地理解，这里举一个我们比较常见的例子。

比如说你现在正在一家公司接受面试，面试官问了你这样一个问题："这么多人来应聘这个岗位，我为什么要录取你？"

很多人可能会说，因为我觉得我很喜欢这份工作，也喜欢这个公司，我认为自己可以胜任这份工作……

这样的回答千篇一律，很难让人抓住你的重点，这个时候你首先就应该亮出底牌，说出与其他应聘者相比，自己有哪些方面的优势：因为和别人相比，我更了解这个专业的事情……

接下来你就可以大致地说一下，你对这个工作岗位的认识和了解，这个岗位在公司中的作用，以及自己上岗之后有哪些对这份工作的想法，最后回到这个主题，我觉得我可以胜任这份工作。

这样一来，就能用最简单而有力的语言，体现你的专业能力，让面试官觉得你是有备而来的，确实适合这个岗位，而不是抱着买彩票的心态来广撒网的。

不过，方法论始终只是一个参考，并不是一成不变的，具体如何实施，还要考虑我们面对的听众，所处的环境等多方面的因素。但是对说话的方式有了大概的了解，必然会对你在日常生活和工作中的沟通，起到很大的帮助作用。

第四节　多变的语调提升演讲魅力

我们每一天都会听到各种各样的声音，说话声、笑声、歌声、争吵声、车辆驶过的声音、动物发出的声音、雨滴落下的声音……可以毫不夸张地说，从我们一出生，当我们的眼睛还不能看到这个世界的时候，我们的耳朵就已经在昼夜不休、无时无刻地通过聆听来感知这个世界了。

声音到底是什么呢？物理学做出了这样的解释，声音是由物体振动产生的声波，它通过空气、固体或液体等作为媒介进行传播，最终被生物的听觉器官所感觉到。

不同的振动频率，产生出截然不同的声音，或高或低，或低沉或高亢，或美妙或刺耳。

作为生活在大都市里的人，我们每天听到的最多的、被我们接收得最多的声音，毫无疑问就是别人说话的声音。

有些人外表粗狂，开口说话的时候却声音细腻，娓娓道来；有的人看起来弱不禁风，谈吐却声如洪钟，振聋发聩。有的人说话的声音有如春风，令听者心情为之舒畅；有的人说话总是尖酸刺耳，令人避之不及。

说话的内容和里面包含的信息，固然是沟通中最重要的元素，但这些信息，必然是以声音作为载体，传达到听者的耳中的，这个"声音"，不仅仅是声带的振动，还包含说话者的语气、强调和音量等。

在日常和工作的沟通场合中，如何运用好"声音"这个载体，精准而有效地和别人交换信息，也是沟通能力中不可或缺的一部分。

1. 声音的魔力

中国有句古话说：一句话说了人笑，一句话说了人跳。

同一句话，从不同的人口中说出会有不同的效果，有的人说了，令人发笑；有的人说了，令人气得跳脚。为什么会产生这么大的差别呢？

因为不同人说话的声音和语调，会给听众带来不同的感受。当一个人生气和激动的时候，说话的语气和语调就和平日里完全不同。人们常常会从对方的声音和腔调来判断，对方是不是一个容易亲近的人。因此，声音是沟通时至关重要的因素。

声音有着可以穿越一切，直抵人心的力量。一个人的声音是否有磁场有力量，对一次普通的谈话，一场会议，甚至一个大型演讲都起着至关重要的作用。

有的人为了引起别人的注意，总是很喜欢很大声地说话，实际上，语言的威慑力和影响力，与声音的大小无关，而和措辞和语调有关。当然，如果是在嘈杂的闹市，又或者是在机器轰鸣的工厂里，大声说话不可避免，但试想一下，如果是在普通的场合之下，又或者是在安静的教室或者图书馆，突然有人高声说话，确实会引人注意，但同样也会令人反感。

还有一些人为了说服和压制别人，也会刻意地提高音量，却不知有理不在声高，并不是要把话说得咄咄逼人，才有足够的分量，相反，说话时声音的大小、音调高低，都需要控制在一定的范围之内。闲暇的时候，不妨自己尝试一下，用不同的音量和语调说话，是否在某个范围内声音会听起来比较悦耳。与别人交谈的时候，注意控制自己的音量，也能从一定程度上展现出一个人的修养。

在日常的工作生活中，使用礼貌客气的言语，和相对比较柔和的声调来交谈，是比较可行的一种方式。因为尊重和理解的话语里，会自带一种感化人心的力量，含蓄和委婉的措辞，也会使人感觉到亲切和愉悦，从而促使沟通更加顺利地进行下去。

能让声音充满魅力的人，说话通常是柔和甜美的，单凭他们说话的音调和语气，就能让人觉得放松和舒服，进而更有包容性地去接收他们传达出的信息。尤其是现在社会竞争压力如此之大，年轻人做事的时候直来直去，从来不懂得隐忍，遇到一些事情的时候，也从来不会注意自己说话的语气，每次感觉自己受到一点不公正的待遇，就大声地质疑对方，这样的说话方式不但很难被人接受，更会降低沟通的有效性，甚至将自己处于很尴尬的境地。

很多人不满意自己的声音，正如不满意自己的容貌一样。相对于改变容貌，声音的改变就简单很多，完全可以通过日常的训练来实现。那如何才能用准确的声音，提升演讲的魅力呢？

事实上，声音并不只是气息触碰声带那么简单，声音也是有冷暖温度和感情色彩的。声音的质量主要包含了音色、音调、音量和轻重缓急等几个方面，一个人的声音不但可以形成专属于自己的风格，更可以显示出一个人独一无二的个性。

2. 如何练习声音和语调

控制声音最重要的一点，就是恰如其分地掌握气息的运动。

想要发出好听的声音，控制声音的起伏变化，首先就离不开运气，气乃声之源，气息的强弱直接影响到发声、语势和感情的表达。

运气说简单也很简单，说难也很难。因为控制气息的无非就是呼吸，只要训练好吸气和呼气这两个动作即可。但仅仅是呼吸，也是有很深的学问和窍门的。吸气的时候，要通过小腹收缩的力量，逐渐把胸腔撑开，尽量缓慢地、尽可能多地吸入氧气；呼气的时候舌头顶着上颚，让空气慢慢地从嘴巴呼出；做呼吸练习的时候，要注意切莫提肩弓背。通过缓慢而悠长的腹部呼吸训练，可以帮助提升我们的肺活量，继而可以有效地控制音量、语速和节奏感等。

学会了呼吸之后，就要开始练声了。除了呼吸之外，声带是影响发声的主要因素。在练习发声之前首先要放松声带。放松声带的时候切莫大喊大叫，这样不但不能起到作用，反而会造成声带损伤，而是应该轻柔地、缓慢地振动声带，发出声音。我们在电视里见到的高音歌唱家，或者是戏曲表演艺术家，他们在练嗓发声的时候也是由低到高，从轻到重，一步一步循序渐进训练而来的，而不是一开始就狂飙高音。

呼吸和声带都准备好之后，就要通过口腔进行吐字练习了。这个时候，可以做一些口部的开合动作，适当地活动面部肌肉，也可以通过模仿动物的叫声，打开鼻腔。想要做到"字正腔圆"，和口腔的发音有很大的关系。最开始练习吐字的时候，只要做到清晰即可，等到把每个音节都掌握准确的时候，再慢慢进入语音和语调的训练。总之，应该由字到词，再由词到句，按部就班地进行。练好吐字的基本功，才能保证其他环节的实现。试想一下，如果一个演讲者，声音优美，语音语调也很柔和，但是偏偏他吐字不清，那演讲的意义又何在？

做到吐字清晰之后，就要开始注意语速了。经过研究表明，在普通的演说中，平均每分钟180~200个字，是最容易让人接受的语速，在正常的面对面沟通中，一分钟也不要超过230个字。如果语速太慢，会让人觉得你迟钝，并觉得不耐烦。当然语速太快也不是明智的做法，这样不但会让语言表达不清，影响听众的理解，还会给人带来紧张和焦虑的情绪。

除了要注意语速之外，语言的节奏也很重要。发音的停顿和轻重，都会影响到一句话的表达效果。如果用同样的语音语调来说话，就会显得单调且乏味。我们可以通过对比播音员在朗读诗歌和普通文体的时候发现，他们对节奏的控制是完全不一样的。诗歌需要靠明显的抑扬顿挫来丰富感情，而他们在读散文或者普通的记叙文的时候，节奏就相对平稳很多。

我们平日里说话和演讲亦是如此，在准备演讲稿的时候，可以着重地标注一下，那些地方需要重音，哪些地方需要加快语速，哪些地方需要缓缓而行之，哪些地方需要靠停顿来强调。

说到停顿，很多人会认为，中途突然停顿会让别人觉得你忘记了台词或者根本没有准备好。为了掩盖停顿，他们会用"嗯""啊"等毫无意义的语气词，来填补停顿的时间，这是非常不明智的一种做法。

停顿的存在，就如同书面文字的标点符号，将每段话、每句话分隔开来，给人们反应和消化的时间。演讲稿的重点部分，也可以通过停顿来进行强调。在一个小话题结束之后，和另外一个小话题开始之前，这中间就可以通过停顿，给人们留有缓冲的余地。

不要害怕停顿，从来没有哪个演说者因为停顿而被刁难，停顿同样也是控制声音节奏的一个非常重要的部分。某些时候，能够恰到好处地停顿，会给人一种能够驾驭全场的气势，甚至胜过任何高亢或华丽的言语。

总之，通过声音变化，控制话题和情景的节奏，并根据具体的情况适当地变化，就会让演讲像美妙的音乐那样引人入胜。

除了以上所说的呼吸、发声、语速和节奏感之外，语调也是一个非常重要的因素。因为，人是有情感的高等动物，因此人在说话的时候，声音和语调也是可以通过情感的变化而变化的。所以，很多演讲者通过语调来吸引观众的注意力和引起共鸣。

当演讲的内容比较庄重的时候，就要用相对比较严肃的语调；当演讲的内容是要激励在场观众的时候，就要用高昂的语调；当演讲的内容比较沉痛的时候，就要用悲痛的语调；当演讲的内容比较平淡的时候，可以用柔和的语调……总之，要先以情发声，才能做到以声带情，最后达到声情并茂的效果。

当然，无论任何声音技巧，都要控制在适当的范围之内。多变的声音确实能提升演讲的魅力，但是变化太多也会弄巧成拙，显得演讲者是在装腔作势，故弄玄虚。

3. 演讲中语音和语调的误区

一些参加过演讲比赛或者观看过演讲比赛的人，肯定有过这样的经历：有的人站在讲台上就能和背景融为一体，他们的声音可能悦耳动听，或者很有磁性，他们演讲的时候也注入了丰富的感情，大家都觉得他们一定能在演讲中拿到一个好名次，可当结果出来的时候，他们却出人意料地被淘汰或者跌落谷底。为什么会这样呢？是评委们不按照常理打分，还是他们根本就不懂得欣赏？

究其原因，在演讲过程中，最容易犯的错误，就是把演讲和朗诵、播音或者朗读混为一谈。

可能有人又要问了，不都是站在讲台上吗？不都是对着很多人讲话吗？不都是通过多变的声音和语调来传递感情吗？演讲、朗诵、播音和朗读有什么区别呢？

是的，从表面上看，演讲和朗诵或者朗读确实差不太多，但实际上它们有着本质的区别。朗诵和朗读的目的在于，把原文中的情境和感情通过声音表现出来，所以不必在乎台下的人是什么感受，只要顺着原文中的意境去做就好。所以在听诗歌朗诵，或者朗读散文的时候，我们通常会听到柔美的、飘忽的声音，这样的声音在于营造浪漫感。

而演讲的目的在于表述自己的观点，并运用声音将这个观点传送到听众心中，同时引起他们情感上的共鸣，在这种情况下，演讲者只做到"有感情地朗读文稿"是远远不够的。因此，演讲除了需要声音有感情以外，还需要有力量和气势，尤其是直达人心的能力。

比如说在停顿方面，朗诵的时候通常以情感和乐律的停顿为主，而演讲则会优先考虑语法，停顿也是为了让人们更好地理解句子的意思，而不是为了表达感情。简而言之，朗诵过程中的停顿偏感性，而演讲过程中则是通过理性来确定停顿与否的。

另外，在处理语调上面，朗诵句子的时候，尾音一般拖得比较长，更富有音乐感和咏唱感,而演讲的时候,结尾通常直截了当地结束,不需要靠拖尾音来营造意境。

除此之外,在重音和语调上也有类似的区别。总之,我们要正确地区分演讲和朗诵,才能更好地运用多变的声音,完成整个演讲过程,把内心想要表述的观念,传输到目标听众的心里。

第五节　坚定信念,提升自信

很多人在日常生活中,无论是说话还是表达意见,都能做到游刃有余,可一旦到了更加正式的场合,比如站在演讲台上面对众人的时候,就变得手足无措,脑中一片空白,紧张得不知道该说什么才好;甚至还有一些人认为,在很多人面前慷慨激昂地演说,是一件很丢脸的事情,因为演讲的过程中,如果出现任何一点小错误,都会让他们羞愤和无地自容。

这些都是演讲中缺乏自信的表现。

美国著名的人际关系学大师卡耐基先生,被誉为是20世纪最伟大的心灵导师和成功学大师。他1936年出版的著作《人性的弱点》,至今仍被西方世界视为社交技巧的圣经之一。谁能想到,像卡耐基这样的成功人士,也曾有过不自信的童年。

卡耐基上小学的时候,并不是一个听话的孩子,相反,他因为调皮捣蛋和爱搞恶作剧,差点被学校给开除。尤其是他那一双又宽又大的耳朵，经常被同学嘲笑，因此他变得很自卑。稍微长大一点之后，他也经常胡思乱想诸如自己的衣着打扮和举止会不会被人嘲笑？下雷雨时会不会被雷劈死？人死后会不会下地狱等毫无意义的问题。

有一次上数学课的时候，他被老师叫到黑板前面解题，他刚走上讲台，下面的同学就开始哄堂大笑。直到下课的时候，他才得知同学们笑话他的原因——后面的同学为了捉弄他，在他身后贴了一张小纸条。当时的卡耐基非常难过，回家之后他把这件事情告诉了母亲，母亲对他说："与其这样伤心难过，为什么不想想办法，让他们佩服你、尊敬你呢？"

这句话彻底点醒了卡耐基，令他大彻大悟。

卡耐基从一个毫无自信，被人嘲笑的小伙子，通过调整和坚定信念，找到了自信，最终成为一位伟大的心理激励大师，他可以说是西方现代人际关系教育的奠基人，但这中间经历过多少挫折和磨难，恐怕只有他本人知道。

1. 将消极的信念转化为积极的信念

事实上，任何一个成功人士，都是从一个普通人成长起来的，我们有过的烦恼和担忧，他们也有过；我们有过的自卑和消极，他们也有过；就是因为他们有着坚定的信念，所以能够站在高高的演讲台上，成为一名瞩目的新星，也成就了自己与众不同的人生。

美国总统林肯曾经说过，喷泉的高度不会超过它的源头，一个人的事业也是这样，他的成就绝不会超过自己的信念。也就是说，一个人演讲水平的成就，不会超过他自我相信的程度，能决定一个演讲者现场表现的，唯有他内心的信念。

字典上信念这个词的解释是，坚信正确而不肯改变的观念，也可以说是人们对某件事情的信心。信念既是一种观点，又是一种情绪，所以经常被人们所忽略，而且每个人所抱持的信念也不尽相同，甚至很少有人会关注自己的信念。不可否认的是，看起来虚无的信念，却有着非同一般的魔力，指引着人们朝着自己的目标不断地前行。

与此同时，信念也决定了人们对特定环境和事物产生的情绪和欲望。如果在演讲的过程中缺乏信心，可以通过坚定自己的信念来改善这种状况。当你心中有了信念，就能咬紧牙关，克服任何困难。

实际上，信念也有积极和消极之分，积极的信念会推动你的成长，让你更有勇气去面对困境，而消极的信念则会加深你对自己的缺点的执念，甚至令你忽略了自己所有的优点，越加自卑和不愿意面对自己。

当我们看到那些很厉害的演说家的现场演讲时，可能会陷入这样的思维误区里：哇！他讲得实在是太棒了，表情和姿势完全到位，他的整个演讲过程都无可挑剔，我和他实在是差太远了，我肯定没办法在讲台上说话的，还是不要上去出丑了——这就属于一种典型的消极信念。

而将之转换成积极的信念则应该是：这个人真是太厉害了，他讲话的风格和引导思路，非常值得我去学习，他做得到的我通过训练和努力也一定可以做得到。通过这种信念上的转变，久而久之，就能改变自己自卑的心理和消极的态度，积极地去面对演讲和听众。

2. 永不放弃

历史上有很多国家著名的领导人，同样也都是优秀的演说家：国父孙中山先生在创立"中华民国"之前，发表了不少演讲；伟大领袖毛主席，也是靠演讲到处号召农民参加起义，最后引领着红军解放了全中国；美国总统奥巴马通过演讲，展现出他独特的个人魅力，他们之所以能够成为佼佼者，靠的就是内心强大的信念，信念是支持一个人一步一步走向成功的动力。

1948年，在英国的剑桥大学，举办了一次以"成功的奥秘"为主题的讲座。受邀的正是当时的英国首相丘吉尔。演讲的那一天，剑桥大学的礼堂里人山人海，除了学生之外，还有全世界的各大新媒体，大家都在翘首以盼，等待丘吉尔首相分享他成功的奥秘。

丘吉尔在大家的注视中走上了讲台，他注视着台下的观众，用坚定而充满力量的声音告诉大家：

我成功的第一个秘诀就是永不放弃！（Never give up）

我成功的第二个秘诀仍旧是永不放弃！（Never give up）

我成功的最后一个秘诀还是永不放弃！（Never give up）

只有这样简短的三句话，丘吉尔首相的演讲就结束了，台下响起了雷鸣般的掌声。丘吉尔首相这次演讲的主题，虽然只有"永不放弃"这四个字，但却将信念的力量传达到了每个人的心里。

要短时间抱有信念，并不是特别困难，但是要长时间甚至永远抱有信念，那需要极其强大的恒心和毅力，有时候，我们不得不对自己进行一种类似"自我催眠"的激励方式，就像丘吉尔在演讲中那样，不断地告诉自己：永不放弃，永不放弃，永不放弃！

3. 最重要的信念就是喜欢和相信自己

在演讲的时候缺乏自信，就是信念不够坚定的表现。那么，在演讲过程中要强化哪些信念呢？

首先，就是要强化喜欢自己的信念。

喜欢自己包括喜欢自己的声音、言行举止、表达方式，和喜欢自己的观点等。试想一下，如果连自己都不喜欢自己，又如何在别人面前更好地展现自己？又如何在演讲过程中将自己的观点传递给别人？

有些人总是执着于自己缺点，他们认为成功的演讲家需要天赋，而自己嘴笨怯场，所以天生就不是演讲这块料。可世界上没有任何一个人是完美的、毫无瑕疵的。每个人都有自己独特的天赋，嘴再笨的人也会有滔滔不绝的时候，只是暂时没有发挥出来罢了。总是着眼于自己的失败和缺点，总是滋长自己消极的信念，畏首畏尾，凡事还没开始就断定了失败，又如何能够变得自信？

经常站在镜子面前告诉自己，其实我很好，别人可以做到的，我同样也可以。不信的话，你可以把自己准备好的演讲稿，先讲给镜子里的自己听，看看自己像一个演讲大师一样指点江山、激昂文字的样子，是不是觉得非常迷人，毫不逊色于人？像这样反复地强化喜欢自己的信念，会帮助你逐渐走出自卑的心态。

其次，要坚定自己喜欢说话的信念。

一个能站在演讲台上侃侃而谈的人，必定是一个喜欢说话的人。俗话说，拳不离手，曲不离口，想要锻炼自己的演讲能力，必须要先学会说话。一个人若是讨厌自己的声音，甚至在日常生活中都不愿意发声，那又如何锻炼自己的演讲能力呢？只有当一个人喜欢通过说话的方式，向别人传递自己的想法和观点，展示自己内心的喜怒哀乐，他才能面对更多的听众和更大的舞台。

喜欢说话的人，同样也是喜欢分享的人。他们每每听到一个有趣的故事，一个好笑的笑话，甚至一个小小的感悟，都愿意说出来告诉身边的亲朋好友，不管自己能不能把故事讲好，也不在乎自己会不会出丑。

正是因为喜欢说话，他们才会主动去抓住任何一个开口的机会，实际上不是上了讲台才算是在锻炼，演讲力的锻炼完全可以在生活中进行，日常说的每一句话都是一次训练，你并不会做无用功，语言组织能力和逻辑能力会随着你每次开口而逐渐得到提升。

如果你至今仍不敢站上演讲台，不妨先坚定自己喜欢说话的信念，让自己先爱上自己的声音，爱上自己的语言，继而你就会慢慢爱上自己的演说。

最后，随时随地都是我的舞台。

没有人不喜欢鲜花和舞台，因为这样的氛围，会给我们带来成就感和荣誉感。但更多人只是在心里单纯地向往，从来都不敢相信自己，更不愿意去尝试站在舞台上的感觉，因为他们害怕，害怕会输，害怕自己驾驭不了。

就算是真正的演讲家，他们在成名之前，也并没有多少真正站在舞台上的机会，与我们不同的是，他们能把任何一个场合都变成是自己的舞台，不管他是否有听众，不管他是在家中还是在街上，他们都能把当下的地点当成是自己的舞台，小到一个简短的面试，大到一次工作汇报，甚至是面对陌生人的搭讪，他们都能用诙谐幽默的语言打动人心。

所以，只要你坚信随时随地都是舞台，终有一天，你能真正站在属于自己的舞台上，获得又仅属于你的鲜花和掌声。

坚定你的信念，它不但可以使你的精神有所寄托，让你找到前行的目标、方向和动力，还可以给你傲视所有挫折的力量。坚定内心的信念，能让你变得更加自信，最终在人群中脱颖而出，成为演讲台上一颗耀眼的新星，拥有令人瞩目的沟通能力。

BUJU RENSHENG TONGWANG CAIFU ZIYOU ZHILU

FOUR

学习力 让知识成功变现

事实上,道理大部分人都懂,但在人生的路上是怨天尤人、浑浑噩噩地混日子,还是能重整旗鼓,朝着自己的目标和理想前行,完全取决于行动。失去执行力,就算看过再多的书,听再多的道理也无济于事。

FOUR 学习力 让知识成功变现

第一节 每年的150个小目标

2016年,万达集团董事长王健林到鲁豫的节目《鲁豫大咖一日行》做客的时候,说过这么一句话:"我们要先给自己树立一个小目标,比如说先赚他一个亿。"这句话瞬间在网络上走红,大家纷纷表示,原来"一个亿"只是一个小目标而已。

事实上,很多人在分享这句话的时候,犯了断章取义的错误,王董说这句话是有前后语境的,当时主持人问他的问题是:"是不是真的心有多大,舞台就有多大?"

而王健林董事长的完整回答是这样的:

"尽管有一句俗话说,心有多大舞台就有多大,但心和舞台是有一个逐渐被放大的过程的。我和很多学生见面会谈的时候,他们上来第一句话就是'我要当首富,我要做全世界最大的公司'。这时候我问他们,你要做哪方面的最大?从哪个地方开始做起?他们就完全说不出来了。于是,我就跟他们说,有做世界最大、做首富这样的想法是对的,至少让你有了奋斗的方向。但想要实现做首富的这个大目标,最好先定一个能达到的小目标,比如先赚他一个亿。你需要规划花三年或者五年的时间,来赚到这一个亿。等达到了这个小目标之后,再奔下一个更大的目标,十个亿、一百个亿……我自己也曾经有过这样的经历。大概是在90年代初期,一次公司的年会上,我跟员工说,我们接下来三年的目标是赚到一个亿。听了这话，一个科长就立马站起来反驳道'王总，我们现在连一百万都没有，又怎么可能赚到一个亿呢？你这不是在说胡话吗！'我当时就回答他说：'一个亿只是我们预期的目标，定个目标我们才有方向去奋斗，就算无法全部完成，能完成一部分也是好的，比如说五千万或者八千万，大家也都很开心啊！'当然，之后的三年，我们真的完成了一个亿的目标，从那以后再没有人质疑我了。"

看完了王健林董事长的完整回答，大家是不是觉得所谓的"一个亿的小目标"，并不是什么夸张的言论了？也许，你已经陷入了深深的思索和反思，甚至，你也已经跃跃欲试地开始给自己定起小目标来了。

说起来可能很残酷，这个世界上的大部分人，对自己的人生轨迹是没有知觉的，他们每天都浑浑噩噩地"混"日子，他们不知道自己要什么，也不知道为什么在做现在的事情；他们不知道如何把一件事情做得更好，也不知道自己在这个过程中犯了什么错误；他们即便不满足于现状，也不知道该怎么改变。

他们只是被时间推着走：别人上学的时候，他们也跟着上学；别人工作的时候，他们也跟着工作；别人结婚生子的时候，他们也就顺理成章地结婚生子；然后每天重复同样的日子，茫茫然地过完余生。

试想一下，你自己是不是也是这个样子的：不知道为什么就来到这个世界上？不知不觉就长大了，然后茫然地过到现在，一直羡慕别人却又始终无法突破自己。想要获得成功，却因为害怕失败，始终不敢向前迈出第一步。

为了让自己不继续虚度光阴，很多人习惯于在新年伊始的时候，给自己定下各种目标，"学习一门外语""不瘦十斤不改头像""学好一门乐器""看五十本书"……

然而，梦想很丰满，现实却很骨感，目标定下之后，刚开始的几天热情高昂，可是过了一周、二周、一个月后，就完全提不起精神了，然后不了了之。到了第二年的时候，继续照样在本子上记录下自己的目标，然后同样在不久之后，抛之脑后。就这样年复一年，人生非但没有任何的进步，反而离成功越来越远了。

2016年，"人生的A4纸"这个概念风靡了整个网络，何谓"人生的A4纸"？如果一个人的寿命是75岁，他一生就共有900个月，在一张A4纸上画出一个30×30的表格，就能把他一生全部的时间都概括出来。人生一旦被量化之后，就显得格外短暂，也格外让人觉得惶恐。

如王健林董事长所说，所有的大目标都是靠着完成小目标来积累的。既然人生可以量化，那我们也可以按这样的思路，把自己的梦想和目标量化。大目标确实能指引我们奋斗的方向，但是如果要实现那些宏大的梦想，必须要脚踏实地，从一件一件的小事开始做起。

不妨把每年的大目标分解成150个小目标。平均每个月就是12.5个，每周就是3个左右的目标。而每周的3个目标，不妨把它们具体分为三个方面，**专业技能、文娱和健身**：比如，自学一门外语，学习一门乐器或者绘画，以及跑步5公里。

继而再把这些目标细化，学外语可以分为，每天背10个单词，一周只要能坚持做到五天，就能背50个单词，一个月就是200个单词，一年就是2400个单词，只需要一年的时间，虽然不能完全精通一门外语，但是这样的词汇量，已经足够应付日常生活了。

每天花30分钟的时间练习乐器或者绘画，一周花五天时间就是150分钟，一个月就是600分钟，一年就是7200分钟，相当于120个小时，就算资质再差，一年的时间也足够粗略掌握一门乐器。

健身也是相同的道理，可以给自己定下最小的单次任务，每天慢跑一公里，长此以往，循序渐进地积累，也同样会看到效果。

一家全球著名的咨询公司，曾经对一些职业经理人的计划和目标的实现，做过一份调研。他们发现，大部分的公司都是在按月做计划，只有极少数公司的经理人，是在按周做计划。

那些按月做计划的人，他们平均每周完成计划上的目标比例，都在直线下降，如果第一周，他们完成了原计划的90%，第二周他们只能完成80%，到了第三周，他们只能完成70%，而在这个月最后一周的时候，计划被实现的概率只有50%~60%。

而以周为单位的公司和经理人，每周完成计划的概率高达90%，最低也没有低于70%。所以我建议大家以周为单位，来制定小目标，并逐周完成，逐月累积，一年之后，当这150个小目标累积起来，你必然会看到一个令自己惊喜的成果。

相信大家都听过这样一句话，在这个世界上，唯有你的努力，不会辜负你。有了这样的小目标，每完成一个小任务，都会让你有真实的成就感。通过坚持和努力得到的进步，学得的技能，这些东西永远不会离开你，将令你终生受用。

有的人在适应了这种目标模式之后，还会在下一周稍微提升目标的难度，这样能促使他们超额完成最初的目标任务。

这种日积月累的努力，给原本虚无的时间人为地定义了进度条，让看不见摸不着的东西无形中变得具象化。当你一周一周坚持下来，就会发现，这一年的时间，你没有在虚度光阴，当你回顾这一年的时候，你能清晰地看到，自己每一天是如何度过的，每一次小目标的达成，都代表你朝着梦想更靠近了一小步，而你掌握的知识和信息，也在用可见的速度提升。

荀子《劝学篇》有云：故不积跬步，无以至千里；不积小流，无以成江海。骐骥一跃，不能十步，驽马十驾，功在不舍。锲而舍之，朽木不折；锲而不舍，金石可镂。

不要低估长时间的坚持，哪怕每天你只抽出十分钟时间，只是做一些微小的事情，日积月累，你所做的一切都会给你带来不一样的改变。

哈佛大学曾经做过这样一项研究：他们对一群智力、学历和环境等条件差不多的年轻人，做了一个长达25年的跟踪调查。调查结果显示：他们其中只有3%的人有清晰的长期目标，这些人朝着他们的目标不断努力，2年之后，他们无一例外地都成了社会各界的顶尖成功人士、行业领袖，其中有一些甚至是白手起家的创业者；而有10%的人拥有清晰的短期目标，这些人大都成了社会的中上层，因为他们的短期目标不断达成，所以生活状态也能随之上升；还有60%的人目标模糊，他们虽然能安稳地生活与工作，但并没有做出什么特别的成绩；而剩下的27%的人，是没有目标的人群，这些人大都生活在社会的底层，他们常常失业，而且经常抱怨社会，抱怨他人，但是他们丝毫不想让自己做出任何改变。

几乎每一个成功的人士，每一本成功学的书，都会强调目标和梦想的重要性，他们告诉你，目标是你成功路上的标杆，梦想是你人生未来的希望，可是几乎没有人告诉你，有了目标和梦想之后，接下来该如何达成这个目标。

也许对于那些成功人士而言，实现目标的方法着实太过简单，就算说出来别人也未必会相信，哪怕他们是真的愿意分享，最后他们还是选择闭口不言。实际上，所谓的成功，无非是一天又一天、一次又一次微小的积累，从小到大，从无到有的过程。所以，与其每年给自己树立几个遥不可及的大目标，不如把这几个大目标分解开来，分解成为每周3个小目标。这样不但更加容易操作、更容易坚持，当你在一周的时间内，完成每周的小目标之后，也更有成就感。

　　一年150个小目标，不但能让你完成你想要的小目标，还能让你迈出尝试改变的第一步。其实很多人最开始的目标，和最后达成的成就是完全不同的。著名的文学家鲁迅，他最初只想当个医生，他远赴日本留学，可后来他发现，除了身体之外，人们的心灵更需要医治，所以他毅然决然地弃医从文，成了中国近代文学史上最有影响力的作家之一。

　　想必大家都听说过这句话"有心摘花花不开，无心插柳柳成荫"。漫漫人生路，与其说是一个实现梦想的过程，倒不如说是一个试错的过程。

　　近些年信息时代风起云涌，网络的兴起诞生了一大批新兴行业，比如网络小说作家，就是近十年来才出现的职业，许多网文大神作家年入千万，让不少年龄和学识相仿的年轻人眼红不已。

　　很多人拿着自己写过的一些几千字的小片段，在网上到处发帖询问，我适合写网文吗？我能成为大神吗？我不要求和大神一样一年能赚几千万，但是我能月入过万吗？我能退学或辞职去写网文吗？

　　实际上，没有人能给他们一个正确答案，是否能靠写网络小说养活自己，恐怕只有你自己亲身去试过才会知道。更不必为此而放弃你正在进行的学业或者事业，只需要把这个大目标分解出来，列入每年的150个小目标之内，比如每周写一万字，也就是每天写1300字左右，如果你能坚持一个月，两个月，能把一本书完完整整地写出来，那说明你至少有去竞争一把的机会,如果不能,也没有关系,至少你知道这个职业不像表面上看起来那样轻松。而只有通过脚踏实地的亲身体验,你才能深切地知道,这个职业究竟是不是真的适合你。

所有的成功之路都是如此,你需要坚持什么,放弃什么,甚至连你的父母和好友,都无法给你答案,你只有不停地去尝试,才知道自己究竟能不能成功。如果不成功,至少你试过了,此生也无憾,所谓"船小好调头",如果你知道自己不适合走这条道路,那么趁早觉悟,重新去选择更适合自己的大目标,再一次踏上逐梦的旅程,总好过每天活在犹豫和抱怨中,裹足不前,觉得自己似乎什么都能做,但却什么都没有做。

努力过而不得,总好过从未努力过,而一生都活在自怨自艾里,那样才是对人生的最大辜负。

所以,从现在开始,拿出纸笔,在纸上写下你最想要实现的三个大目标,和每周要完成的小目标。然后慢慢地去完成一年的 150 个小目标,相信时间一定不会辜负你的努力,你终会找到你想要过的人生,也终能实现最初的梦想。

第二节 利用碎片化的时间提升自我

刚刚走进职场的时候,很多人都会明显感觉到生活节奏骤然加快,时间总是不够用,平日里还有各种琐碎的却又不得不做的小事,即便知道想要提升自己在职场上的竞争力，必须不断地更新知识，但也始终抽不出时间去实施自己的学习计划。

很多年轻人都曾发出过这样的疑问：我竟然连拥有完整的时间，也成了一件奢侈的事情，时间都去哪儿了呀？

是啊，时间究竟去哪儿了？为什么不知不觉中，我们就蹉跎着过完了一年？为什么明明觉得自己每一天都很努力，很忙碌，一年下来，审视一下自己，却发现自己在各个方面的学识和技能都依然在原地踏步，这究竟是为什么呢？

鲁迅先生曾经说过：**世界上哪有什么天才，我只是把别人喝咖啡的时间都用来学习罢了。**

鲁迅先生的这句话，实际上已经总结了以上所有问题的根源，那就是我们浪费了太多的时间，尤其是碎片时间。

那么，什么样的时间才算是碎片时间呢？

其实，鲁迅先生已经给我们举了一个很好的例子，所谓的"碎片时间"，就是"喝咖啡的时间"。

具体来说，碎片时间就是指那些没有安排任何工作、未被计划的时间，这通常都是一些零散、短暂而随机出现的空闲时间。比如，站在咖啡机前等待咖啡研磨的时间，等待水加热的时间，等待约会对象到来的时间，等待公交车的时间……

乍一看，这些时间并不起眼，甚至很容易被忽略。通常情况下，这样的三五分钟或是更长一点的碎片时间，我们都会用来看看手机，玩两把游戏，或是干脆精神放空，做个白日梦，就悠然而过。

我们不会去重视这样的时间，更不会想到要利用它们去达成什么目标，因为它们实在是太短暂、太随机，也很难预料和计划。

而就是这不起眼的几分钟甚至十几分钟，不但是你和其他人拉开距离的关键，更是决定你成功与否的关键。如果能有效地把握好这些时间，必定能使你受益匪浅。

18世纪美国最伟大的科学家和发明家本杰明·富兰克林，他同样也是一位著名的政治家、外交家和哲学家，还是避雷针的发明者，可以说是一个文理兼优的天才。可是，就是这样一个天才般的人物，自身却从没有接受过真正意义上的系统教育。

富兰克林出生于北美洲波士顿的一个漆匠家庭，他父亲以制造蜡烛和肥皂为生，一共孕育了十七个孩子，富兰克林在家中排行第十五。因为家里孩子太多，父亲无法负担念书的费用，所以富兰克林八岁入学，十岁就离开了学校。之后，富兰克林先是在家里帮爸爸做蜡烛补贴家用，而后又跟着哥哥去印刷厂当工人。虽然他一共就上了两年半的学，每天还有繁重的工作任务要完成，但他并没有因此而放弃学习，相反，他将自己的空余时间，几乎全部都用在了阅读和学习上面。

每当一天的工作结束之后，甚至是吃饭和洗手的短暂休息时间，富兰克林都会想方设法地利用一切的碎片时间去学习，从自然科学到人文艺术，所有的书籍他都如饥似渴地阅读，最终，他不但在科学领域取得了巨大的成就，还先后掌握了法文、意大利文、西班牙文及拉丁文等多种外语，在1753年，47岁的富兰克林获得了哈佛和耶鲁大学的名誉学位。

仔细算来，富兰克林在学校受到的教育，仅有小学二年级的水准，但仅仅靠着这样的基础教育，他却做到了如此大的成就。而我们中的许多人，不论是生活条件还是知识水平，甚至是经济压力，都比当时的富兰克林要优越很多。可为什么富兰克林可以在繁重的谋生和工作的压力下，获得如此大的成就，而我们却做不到呢？

究其根本，就是因为富兰克林在工作之余，高效地利用了所有的碎片时间，不停地提升自己，而我们，则将这些宝贵的碎片时间，都浪费在了滑手机和玩游戏上了。

我们经常感慨时间都去哪儿了？可是你从来没有意识到，时间就在你发呆、追剧、闲聊、纠结、刷微博朋友圈和打游戏的时候，悄然无声地溜走了。就这样日复一日年复一年，虚度光阴而毫无知觉，只是在某个瞬间突然想起来的时候，感慨和抱怨一下，而每当自己真的想要做点什么的时候，就会给自己找借口和理由，觉得自己每天的日程都被工作和生活占得满满的，根本没有额外的时间了。

说到底，你所谓的"没有时间"，只不过是在为自己的懒惰寻找借口。

如果仔细观察你平日里的工作时间，应该就会发现，每天我们都是按照事先制定好的工作日程去完成任务的，并根据分析和估计，给自己设定了一个大概的完成时间。比如我们需要两到三个小时完成的工作任务，一般情况下，都会给自己预留四个小时。

久而久之，很多人习惯于在既定的时间内，慢慢吞吞地完成工作。

试想一下，我们是否可以提高一下工作效率？把工作时间控制在三个小时左右，这样一来，无形之中，我们就多出了一个小时，这是多么宝贵的一个小时，我们可以用它去做很多想要做的事情。

而我们除了每天八小时上班的时间之外，还有很多其他的碎片时间可以利用——

1. 等待时间：譬如上下班等车、等地铁的时间，出去吃饭等餐的时间，还有乘坐交通工具的时间等，对于生活在大都市的人们来说，这些等待的时间，可以说是使我们浪费最多光阴的"碎片时间"。

2. 空隙时间：早起或者睡前的时间。这个时间，我们不必再去考虑工作和生活的压力，是完全属于我们自己的时间，精神相对放松，环境也相对安静，是非常难得的适合阅读和学习的"碎片时间"。

3. 休息时间：双休日或者节假日。可能这个时候你放下工作，迫不及待地想要放松一下，但即便是放松的时候，也可以在这些空隙时间里抽出半个小时，或者一个小时，来进行学习。而不要把时间完全浪费在"放松"这件事上。事实上，一个人安安静静地读一本书，学习一件技能，不受任何外界的干扰，获得自我提升的快乐，这样的事情又何尝不是一种自我放松呢？

时间碎片化已经成为一种极为普遍的现象，无论是家庭主妇还是自由职业者，无论是按部就班的上班族，还是东奔西走的业务员，他们每个人真正属于自己的时间都是零零碎碎，非常有限的。面对这样越发繁忙而混乱的生活，我们需要关注的不光是时间，更应该是我们自己。尤其是我们需要了解自己的生物钟，管理好自己的注意力，锻炼出自己的自律能力，这样才能有的放矢，根据我们自己的需要，使碎片时间最大限度地被利用起来。

下面就给大家几点关于碎片时间利用的建议，供大家参考。

1. 在合理的时间安排相应的事情

一般来讲，早上刚起床的时候注意力最为集中，如果想要学习语言，可以放在这个时间段，比如一边吃着早餐，一边默记单词。

随着智能手机和信息技术的日益发展，各种学习类的 APP 层出不穷，学英语的、记单词的、听书的，甚至还有图文并茂的视频课程等，大家可以充分利用信息时代的便利，在上下班行走、等车，以及坐地铁的空隙，戴上耳机，通过学习软件，有效地利用起这些碎片时间。

又或者在完成了一天的工作，回到家吃完晚饭之后，花半个小时的时间，画一幅小画、练一会儿曲子、做一节瑜伽，这不但可以帮助你缓解工作上的压力，释放情绪，更能陶冶情操，帮助开发右半脑。

需要注意的是，利用碎片时间的目的是使时间价值最大化。每个人的价值需求各不一样，有人希望碎片时间可以用来放松心情、调节状态，有人用来学习知识，而有的人则可以用碎片时间来社交，积累人脉。

只要弄清楚碎片时间对于自己的意义，理解碎片时间形成的原因和特点，在分析自我的基础上，根据自己的个性制定相应的碎片时间利用策略，这些不起眼的时间，就会为你创造出巨大的价值。

用一句很通俗的话说，如果你真心地想要去做一件事情，时间就像海绵里的水，只要挤一挤，总是会有的。

2. 化零为整，尽量避免时间碎片化

在中学时期，我们就学过中国著名数学家华罗庚的《统筹方法》的课文。统筹方法是一种安排工作进程的数学方法，但是在平常的工作中，却经常被人忽视。

统筹方法也同样解释了时间碎片化的本质原因。

为了让人们更加直观地了解统筹方法，华罗庚先生提出用"沏茶"做实验，来表现整个工作流程。

沏一壶茶，需要完成的工作有以下几项：烧开水，洗水壶水杯，生火，拿茶叶，泡茶。

完成这个工作最快的方法应该是先生火，然后烧开水，在烧开水的时间内洗好水壶水杯，拿好茶叶，最后就可以泡茶了。

而如果是不注重工序的人，可能会先洗水壶水杯，装好茶叶，然后再去生火烧水，于是他们就制造了更多等待水开的时间。

这个道理说起来很简单，但很多人在工作中却仍然不可避免地屡犯这样的错误，虽然碎片化时间不可避免，但是，我们还是要尽可能地避免将时间碎片化。

我刚刚毕业进入公司工作的那一年，和我同时进入公司的还有财务部的小张和小李。据说他们俩都很优秀，也都很有能力。但是正式入职之后，大家发现小张每天都能按时上下班，而小李却每天都要加班到很晚。

最初，部门里所有的人，包括我在内，都觉得小李是工作更加努力的那一个，但是慢慢地，大家却发现，虽然小张从来不加班，但是每天的工作任务他都完成得十分出色，而且几乎没有出过错，相反，小李虽然表面上每天工作十几个小时，但无论是完成的效率还是质量，都差强人意。事实上，两个人的工作量也是差不多的。

作为新入职的员工，他们属于同一个部门，工作强度和难度也都相差不大，为什么会出现这样的状况呢？

经过仔细的观察，我发现，小张每天上班之后，就会把手机调成静音，放进抽屉里，然后开始处理当天最重要的工作，在这个时间之内，他几乎不会回复任何电话和邮件。等他完成了手上的事情之后，会在临近中午的一个小时的时间段里，统一地给客户们回复电话，和领导汇报工作任务，处理一些工作上的邮件等交涉事务，下午的工作时间也是如此安排。

这样的做法，使他可以在固定的时间段里，全心全意地专注于手头上的文案工作，确保这些细致的文案工作不会出错，而需要和同事、客户和上司沟通的工作，他则统一放在一个固定的时间段里，在这个时间段里，他的大脑完全处于交涉状态，而文案工作的准确和细致，更为他的交涉工作提供了巨大的助益，使得交涉工作完成得事半功倍。

因为有效地安排和利用了八小时工作时间，小张自然不需要加班，下班后，他可以让自己好好地休息和娱乐，给身体和大脑很好的放松，第二天再精神饱满地高效工作，长此以往，形成良性的循环。

而小李工作的方式却截然不同，他上班的第一件事情，就是打开手机，看看有什么要回复的邮件，工作群里如果有人说话，她也会发表一两句观点；除了聊天之外，她还会顺手看一下朋友圈和微博，有时候看到了什么感兴趣的话题，再参与讨论一番，不知不觉时间就浪费了。于是，手上的工作任务，就这样时不时地被刷手机、聊天或者其他无关紧要的事情打断，等到闲事办完了，再回头要工作，思路也无法迅速回到刚才的状态，不得不花更多的时间去梳理思路。就这样，到快下班的时候，她才发现自己还有很多事情没做，而且文案工作也经常出错，不得不留下来加班。

小李的做法，实际上就是人为地将时间碎片化了，这种做法非常不利于注意力的集中，工作效率和质量也不甚理想，更要命的是，明明花费了更多的时间，身心疲惫，却似乎什么都没做好，这也是很多人觉得工作明明很简单，却总是做不完的根本原因。

所以，无论在工作和生活中，做好时间的统筹，将碎片时间化零为整，不要人为地给自己制造碎片时间，这才是最明智的做法。

3. 专注力是提高时间利用率的法宝

虽然我建议大家不要将工作时间碎片化，但我要强调的是，利用碎片时间的本质，并不是要我们长时间地工作，而是为了提高工作效率，把更多的时间留给自己，留给生活，使工作和生活之间达到一个平衡。

所以，提高碎片时间的利用效率，才是我们最应该做的事情。

在上一小节中，我们提到了一年的 150 个目标。现实生活中，我们想要实现这些目标，很多时候都需要利用碎片时间，想要提高这些碎片时间的利用率，在同样的时间里做更多的事情，就不得不集中注意力。

专注力是绝大多数人都明白，却只有极少数人能够掌握的技能，试想一下，如果你拿着书坐着，但是脑子却在神游，那即便你利用了再多的碎片时间，也无济于事。因为你的专注力为零，因此，你的学习效率也是零。

在本书第二章中提到的番茄工作法，就是时间管理法则里公认的对利用碎片时间提高专注力的好方法，这里就不再赘述。

总之，合理地利用碎片时间，不仅仅是技巧和策略，更是一种潜移默化的生活习惯。只要养成习惯，在碎片时间内做正确的事情，久而久之，根本不用大脑去考虑，你就知道应该如何利用每一段碎片时间了。

曾经有位小伙子自嘲说，自己做任何事情都只有三分钟热度。当时有位智者却答道："**即便是三分钟，也有三分钟的美好。总比那些永远都不敢尝试的人要强。**"

所以，无论如何，先从三分钟开始，也许你会邂逅之后的十分钟、三十分钟，甚至更久，只要每天都能做到三分钟的高专注力，那也是一个好的开始。

第三节　看清坐标，持续努力

　　学过中学数学的人，对坐标应该都有一个大致的概念。如果是在一个二维的平面空间，需要横向和竖向两个坐标才能确定一个点，而如果置身在一个三维的立体空间里，则需要横向、竖向和纵向三个坐标，才能确定一个点的具体位置。

　　事实上，数学里的坐标与我们自身的定位是同样的道理，年轻人在为自己建立定位的时候，不妨也可以从横向、竖向和纵向三个方面来进行考量。

　　在学校里我们应该见过这样的学霸，他们可能上课睡觉、开小差，下课打游戏、追剧和看小说，但是这并不妨碍他们成为学霸，逢考必胜，相反，即便你一步一个脚印，每一分每一秒都用功读书，坚定不移地追随着学霸的脚步，你可能还是成绩平平。其原因就在于对自己的坐标认识不清，于是，即便照搬别人的方法也无济于事。

　　话说回来，难道那些学霸，真的是因为拥有天资上的优势，所以他们可以不用那么努力，就能得到你拼尽全力也得不到的成绩吗？

　　天资，固然十分重要，但综观古今中外的成功人士，他们的成功，往往更取决于后天的努力。而这个"后天的努力"，却是更需要方法的。

　　在开始努力之前，必须要对自己有充分的认识，这样才能为自己打造最适合而准确的努力之路。

FOUR 学习力 让知识成功变现

　　实际上，任何人成功的经验，都不可能照搬和复制，别人这么做能够成功，而换作其他任何一个人，却未必行得通。因为人和人之间存在着个体上的差异，世界上没有两片完全相同的叶子，也没有两个完全一样的人，就算是生长在同样环境里、同一性别的双胞胎，他们做同一件事情的时候，所得到的结果也不尽相同。

　　因此无论在学习中，还是在工作中，找准自己的坐标，明确自己的定位，是最重要也最容易被忽视的大前提。《孙子兵法》谋攻篇有云："知己知彼，百战不殆；不知彼而知己，一胜一负；不知彼，不知己，每战必殆。"说的就是这个道理。

1. 知己知彼，百战不殆

　　以前，我们班上有一个伪学霸。为什么叫她伪学霸呢？因为大多数人认知中的"学霸"，最大的特点就是高智商，尤其是遇到那种特别难的数学奥数题，其他学生绞尽脑汁也不得要领，但学霸几乎是一点就通，能在短时间内，漂漂亮亮地把题解出来，引来无数艳羡的目光。

　　但我们班上的这位伪学霸，她从来不会解难题，每次卷子发下来，卷子上最难的附加题，她要么只写出第一个解答步骤，要么就干脆一个字都不写。原因当然很简单，她根本就解不出这些难题。老师们私下里也经常说，伪学霸的天资其实很一般，和其他学生相比，她在智商上并没有任何优势。

　　虽然如此，但几乎每一次大考，伪学霸却都是全年级的第一名。

　　为此，那些真正天资过人的学霸们都很不甘心，为什么一个智商平平，甚至算不上聪明的同学，每次都能在考试中碾压他们？为此，我特意去请教过伪学霸，原本以为她会说出一些出乎意料的"学习秘籍"，却没想到她给我的答案竟然是这样的。

她诚恳地告诉我："其实我很普通，脑子也不够好使，别人看一遍就能理解的定理，我要做十几道甚至上百道题才能懂；别人看一眼就能背下来的诗词，我要花更长的时间才能记住。连我自己都明白，自己并不是十分聪明的学生，对于那些难题，我根本无计可施。但是，我仔细地研究过，试卷上的题目，百分之九十都是基础题，只有百分之五到百分之十是难题。

在攻克难题上，我肯定不如那些智力超群的同学。与其花时间在那些我原本就不擅长的事情上，还不如在基础知识上集中精力下功夫，保证自己会的题目不做错就够了。当我掌握了基础知识之后，就发现其他的难题也都是在这基础上，做了变化和调整的。所以我只要将基础知识融会贯通，对于一些比较难解的题目，我偶尔也能解出一二了。"

之后回想起来，这名并不聪明但总是能考第一的伪学霸，她最厉害之处，就是看清楚了自己的定位，她明白自己的优势和劣势，从而扬长避短，这才成了一名无人可以超越的"真学霸"。

念书的时候，有些同学即便参加了很多补习班，他们的成绩还是无法提升，原因也在于此。他们总喜欢忽略基础知识，直接进入攻克难题的环节，觉得这样更有成就感，甚至振振有词地说："如果我连难题都解答如流，那些简单的基础题我自然就不在话下了。"

结果，他们花了很多的时间，艰难地，甚至是碰运气般地解出了一道难题，但是却仍对难题的本质一知半解，下次遇到相似题目仍旧束手无策，重要的是，他们的基础知识也没有学好，对于试卷上那些如同是送分的简单题目，他们也不能保证百分之百地做对。

这样做，成绩自然无法提高，而且还容易让自己养成眼高手低的坏习惯。这就是没有准确定位自己造成的恶果。

所以，当你觉得自己非常努力，却仍旧感觉学习力不从心的时候，千万不要自暴自弃，而是要先停下来，好好地想一想，自己的定位究竟是什么，是天资过人，还是智商平平？在这个基础之上，再更进一步地思索一下，自己的学习思路，应该是夯实基础，还是挑战难题？

拥有梦想并不是什么坏事，但拥有一个不切合自己实际情况的梦想，那就是一件很可怕的事情了。就像我的那位伪学霸同学一样，勇敢地承认自己并不是天才，这并不是什么丢脸的事情，反而赢得了老师和同学的尊重。

我可以毫不夸张地说，这个世界上有几十亿的人，而天才的数量，不会超过三位数，我们绝大多数的人，都是最最平凡、普通的芸芸众生，甚至绝大多数的成功人士，他们也没有过人的天资，他们之所以能够成功，是因为他们接受了自己的平凡，以平凡的自我为起点，为自己制定了一条正确的前行道路，再坚定不移，一步一个脚印地向前走，最终抵达了成功的彼岸。

一个人如果看不清自己，找不到自己的定位，选择了一条错误的道路，那么，他越是努力，跑得越快，反而离成功就越远。

2. 喜欢，所以更需要长久的陪伴

相信有很多人都不喜欢自己的工作，但是却又不知道如何改变现状，他们想要去做一件自己真心喜欢的事情，又不舍得放弃眼前的工作带来的种种好处。

这种矛盾而纠结的人，比例还不在少数。他们中间的一些人，说自己很喜欢写作，很喜欢学习语言，又或者很喜欢摄影。但他们却为了五斗米，不得不去从事跟自己的爱好相去甚远的工作，每一天都过得非常不快乐，只能在白日梦中飞出当下的生活，在虚拟的世界中逃避自己的梦想。

实际上，工作和爱好并不是截然相悖的两件事情，他们完全可以同时存在，如果你真心喜欢做一件事，就一定会想方设法地做好它，前提是一定要耐心地、持之以恒地坚持下去。

可是，讽刺的是，这些抱怨工作和爱好相去甚远的人，一旦他们有机会可以放下工作，全心全意地去做他们喜欢的事情时，往往没过多久，他们就会再一次陷入抱怨和失望的情绪之中。

"我做不到""我不行""可能是我没有天赋！""可能是起步太晚了，没有基础？""我荒废了太久了，根本无法追上别人了"……诸如此类的理由层出不穷，他们给自己找了无数的借口，心安理得地安慰自己，给自己催眠，让自己相信，自己之所以连爱好的事情都做不好，皆是因为外界的种种原因，跟自己本身的能力无关。

为什么会这样呢？是他们不够喜欢，错误地理解了自己的爱好，还是他们真的能力不行，没有天赋？

答案也许都不是，我想，很多人之所以不论做什么事情，都感觉痛苦，那是由于他们从来没有真正地理解过自己做的事情，也对此谈不上尊重，不论这件事情是否是他们喜欢和热爱的。

为什么这么说呢？我们不妨想象一下他们对一件事从喜欢到失望的过程：他们刚开始做一件事的时候，斗志昂扬，激情满满，一天24个小时，巴不得不吃不睡觉，把自己所有的时间都花在这件事上，全情投入，废寝忘食。但一天如此，两天如此，一个月、两个月呢？一年、两年呢？这样高强度、高投入的热情，真的能够持久不变吗？

试想一下，你的爱人非常爱你，无论你吃饭、睡觉还是出门，只要有半个小时见不到你，对方就打电话给你，满世界去找你，对你的每一件事情都很上心，都要事无巨细地过问。但这种爱，也许你连一个月都坚持不了，因为这种过度的爱，让你完全失去了自我的空间，时间久了，你会觉得喘不过气来。

如果对上面这种感情的比喻，你无法很好地体会，那么，如果你喜欢吃一样东西，比如吃冰糖葫芦，每天吃一根，一周、一个月、一年甚至两年，吃到一定程度，你肯定会看到糖葫芦就本能地反胃。

是的，再喜欢的人、再喜欢吃的菜，一旦过度，也会令人产生逆反心理，更何况是学习新技能这种本身就伴随着一定痛苦的事情。所以，如果你喜爱一样东西，不应该是耗尽精力地去追求，倾尽自己所能地去投入，而是温柔地与之陪伴，缓缓图之，每天都做一点点，持之以恒，方能长远。

这就跟维系一段感情、喜爱一样食物的道理一样，再热烈的爱情，如果不能转化为柴米油盐、如果不能走入岁月静好的相守，也是无法长久的；再美味的食物，如果没有节制，有如饕餮般地暴饮暴食，也迟早会令人生厌，最终弃如敝履。

一切你所喜欢的人、事和物，我们要追求的，都是能够和它们一生相伴，希望它能够持久地让我们从中感受到源源不竭的美好和能量，而不是短时间的新鲜和快感，如烟火般瞬间绽放，然后消失殆尽，再也寻不到它曾经存在过的踪迹。

对于那些我们喜欢的、热爱的、想要与之一生相伴的事情，我们更加要小心地对待它们，尊重它们，就像对待爱人和食物一般珍惜它们。只有这样，我们才能有源源不竭的热情，去更深入、更细致地挖掘它们，相反，它们也会不停地为我们提供能量，给我们带来惊喜。

克制和尊重，才是喜欢一件事的正确之道。

如果能领悟到这些，也许你会发现，现实中的工作也并没有你想象中的那么枯燥难熬，甚至你完全可以放下对它们的抵触心理，因为哪怕是你喜欢的事情也是一样，没有任何一件事是容易的，只要你深入地融入一件事中，体会到学习和钻研的乐趣，它们定然都会回馈给你源源不竭的惊喜，而这些惊喜，会令你最终喜欢上它们。

所以，谁说工作和爱好是难以融合、相去甚远的呢？它们之间根本是不矛盾的，甚至是可以相互转化的，你不妨试试看。

3. 在适当的范围内持续努力

有人做过调查，为什么大家明明知道学习很重要，知识也很重要，可就是不想学习？而明知道打游戏等娱乐活动浪费时间，甚至没有任何意义，却仍旧沉迷其中，无法自拔？

原因很简单，学习是一项需要持久努力的事情，短时间内很难看到进步，也很难得到收益，有的人拼命地努力了一阵子之后，觉得看不到希望，于是毫不犹豫地放弃了。而打游戏却恰恰相反，无论是升级还是打怪，都能马上给你回馈，尤其是每次升级的时候，各种技能和金币也随之提升，让人更有欲望坚持下去。

很多名人、很多书籍都强调过坚持的重要性，古往今来，各种文人大师也留下过不少关于坚持的诗文名句，什么"精诚所至,金石为开"；什么"宝剑锋从磨砺出,梅花香自苦寒来"；什么"锲而不舍,金石可镂"；什么"只要功夫深，铁杵磨成针"……诸如此类关于坚持的名言警句不胜枚举，但是却几乎没有人提到过，在坚持的过程中切忌用力过猛。

FOUR 学习力 让知识成功变现

没错，很多人无法将学习的习惯坚持下去，最大的原因，就是他们在刚开始学习的时候，用力过猛，导致后继无力，难以维系下去。

人生不是百米赛跑，不是在短暂的数十秒内全力冲刺，就能拿到好成绩；人生更像是一场马拉松，在跑马拉松的时候，想要坚持到最后，靠的不是瞬间的爆发力，而是耐心和毅力，从没有人能在马拉松里从头到尾都保持着冲刺的速度。

很多人为了坚持一件事情，夜以继日，不眠不休，看起来非常的刻苦努力，少部分人靠着这样的方法获得了成功，但在我看来，这种方法并不完全可取，更不适合每一个人去复制和学习。

努力和坚持固然重要，但是把握好尺度也是不容忽视的。因为一旦在短时间内过度地坚持和消耗自己，却没有达到你想要的目标，很可能会大幅度地增加挫折感，让你越发对学习失去兴趣。

看清楚了这样的道理，我们大可以把玩游戏的规则应用到学习中去。在学习的时候不妨把自己看成一个新手玩家，每天完成多少的任务量，在完成一定的任务量之后，给自己一些物质上的奖励，再在几个月的时间里，让自己试着去参加一些考试，测验一下自己的水平。

这里要强调一点，按照我们小时候念书的习惯，考试最重要的就是分数，考不好是一件很丢脸的事情。事实上考试的存在，是为了试探你掌握了多少知识点，学到了多少东西，它对我们的人生并没有决定性的作用。

所以走出校园的我们，大可以不必再用固有的观念去要求自己，我们完全可以把分数放在一边，考了好成绩确实值得高兴，但就算考不好，也能通过考试知道自己的薄弱环节所在，从而继续进行加强。

持续努力，本身不应该是一件很痛苦的事情，而是像吃饭和睡觉一样，自然而然地发生，日积月累地重复，当你将学习的意识融入骨血，慢慢变成了自己的一种习惯的时候，就说明你真正地找到了持续努力的法门。

第四节　让自己活得像一支队伍

从幼儿园到小学，从初中到高中，我们背诵过上百篇诗文、几千个英文单词，做过成千上万道题目，应付过大大小小不计其数的考试，为了拿到一纸录取通知书，每一个人都曾经过五关斩六将，呕心沥血孤身奋战，说起来与上战场杀敌也没什么两样。

因为对于我们而言，每一次考试都无异于一场战役，每一次备考都需要披荆斩棘，因为一旦中途放弃，很可能就前功尽弃，因为所有人都知道，哪怕只差一步，也许就和自己梦想中的未来失之交臂。

所以，学习对于我们而言，就是行军，考场对于我们而言，就像是战场，而学习的过程更像是排兵布阵。事实证明，学习能力的高低，接受新事物能力的高低，同样也是我们在职场上行走的必要技能之一。

清华大学的副教授刘瑜在《送你一颗子弹》一书中，曾经写道：**一个人，要活得像一支队伍，对自己的心灵招兵买马。**

实际上不仅仅是学习和考试，我们的人生何尝不是一次长征，每一次的挑战都是一场战役。如果想要在战场上立于不败之地，就算孤身奋战，也要让自己活得像一支队伍。

FOUR 学习力 让知识成功变现

很多人又要问了,明明只有孤身一人,又如何能活得像一支队伍?

所谓心有多大,舞台就有多大,只要你有强烈实现目标的欲望,你就一定可以集结和调动一切可用因素,令孤零零的自己,活得像一支队伍。

1. 战斗力

众所周知,对于一支队伍而言,战斗力是其上阵杀敌的核心实力,也是评价一支队伍强弱的最重要的标准。一个没有战斗力的队伍,根本称不上是一个合格的队伍。

那在我们学习的过程中,所谓的战斗力又是什么呢?

我想,我们最重要的战斗力,自然就是健康的身体。想要更好地学习和工作,身体健康是首要因素。行军打仗也是如此,一支由身强体壮的士兵组成的队伍,和一支都是由老弱残兵组成的队伍,哪一支的战斗力更强?很多人为了证明自己很努力,总是无法按时吃饭,又或者加班到很晚,有的甚至直接通宵熬夜,以为这样就能完成更多任务,学到更多的知识,获得更大的进步。

这种做法的反面例子也很多,高考前因为熬夜复习,在高考途中和考场上晕倒的考生每年都有,而且不在少数。没有了健康的身体,就算你有一腔的才华,也无法展示出来,这根本就是本末倒置的做法。即便是一匹优秀的千里马,在其吃不饱、睡不好、体力不支的时候,也无法日行千里,更何况是在漫漫的人生路上长途跋涉。

很多壮志未酬的人,并不是因为他们的能力和才华不够,而是因为他们的身体支撑不下去了。苹果的创始者史蒂芬·乔布斯就是最经典的例子,他不论是在才华、能力还是个人成就上,都无人能及,他一手缔造了苹果的神话，然而，就在他想要带领着苹果冲上更高的山峰之际，病魔摧垮了他的身体，任凭他还有多少天才般的构想，任凭他还有多少梦想没有达成，他的事业都随着他的生命一起画上了句点，只留给世间巨大的遗憾。

所以，无论于一支队伍，还是于一个人而言，身体健康才是一切事业成功的保障。实际上，身体的战斗力和学习力也是相辅相成的。拥有健康的身体，能够支撑你的大脑调用更多的能量，更好地集中注意力，在学习中更有效率，而适当地学习，也能帮助大脑和身体保持活力，让你不至于被这个迅猛发展的世界所淘汰。

现在网上有很多励志奶奶的故事，除了我们之前提到的美国的水彩奶奶，更有日本82岁的DJ奶奶的故事，她退休之后，害怕自己有一天会像同龄人一样，"瘫"倒在病床上，于是开始了自学DJ之路，成了全世界年纪最大的DJ师，并被年轻人称为女魔神。

正是因为抱着一颗"活到老学到老"的心，哪怕是退休后年逾古稀的老奶奶，她仍然可以像年轻人一样富有朝气和活力，毫无顾忌地去努力，去尝试，做自己喜欢做的事情，去学习和吸收新事物，这也让她不像同龄人那样，逐渐失去战斗力，沦为病床上不能动也不能思考的失智老人。是学习也好，工作也好，我们都是为了让自己过得更好，而不是为了因耗尽心力而提前退场。

所以，要想让自己像一支队伍一样保持战斗力，请一定要保重自己的身体，保证规律的作息时间，合理调配自己的饮食，坚持锻炼，不论年纪多大，都对这个世界充满好奇心，永远有学习新知识的欲望。

2. 决策力

除了战斗力之外，决定一场战役胜负的，还有另外一个至关重要的因素，那就是决策能力。

战场上瞬息万变，必须充分考量每一个因素，加以分析，进行判断，才能制定出最为准确的决策，任何一点小小的错误，都会带来难以想象的后果。人生也和行军作战一样，你所作出的每一个决定，都没有回头路可走，更没有游戏里面的"重来一次"的按钮，所以，关键时刻的攻守进退，都需要细细考量，做出最准确的决策，选择最正确的方向，才能让接下来的人生立于不败之地。

想必大家都听过这样一句话——有时候，选择甚至比努力更为重要。

可以这么说，我们的人生轨迹，其实就是由我们的一次次重要决策组成的。很多时候，我们以为自己不过是做了一次小小的选择，但当我们回顾自己的一生时，会发现，那一次小小的选择，恰恰决定了自己今后人生的所有方向。

当我们站在人生的十字路口，面对眼前很多条可供选择的路时，你当时的选择和决策，也注定了你未来行走的方向。于是很多人总是抱怨，自己没有取得成就，是因为自己没有选对路，如果当初选择了另外一条路，也许自己就不是现在这样了。仿佛这样说，就可以将自己的不成功和失败，归咎于选错了方向，而不是自己的能力有所欠缺。

可他们忽略了另外一个事实，选择本身就是一种需要努力来磨炼的技能，更是你个人能力的一部分。想要在关键时刻做出正确的选择，从来就不是件简单的事情，而是需要你在眼界、能力和学识各个方面都达到一定的积累。如果你选错了，那只能代表你的能力还不够。而事实上，你在每一个人生路口所做出的每一个选择，都跟你现阶段的能力完全匹配。你接下来要走的路，你以为那是自己一瞬间的偶然决定，其实那是由你之前走过的所有路上累积的实力所决定的，是必然会发生的结果。不管再给你多少个重来的机会，你依然会做出同样的选择。

如今，我们国家经济迅猛发展，大城市的房价疯涨，我在各种场合无数次听到不同的人都说过同样的话：如果十几年前，我买一两套房子屯着，也许现在就发财了，也不至于过得这样拮据，可我当年偏偏把钱用来炒股／做生意／旅游等。乍一看，他们确实是当年在选择和决策方面出现了错误，但如果真的回到十几年前，这些人仍然无法购买房子，因为他们决定把自己的闲钱拿去炒股，拿去做生意，拿去享受生活，那是由他们当时的财务能力、需求和眼界所共同决定的，那时候的他们根本预测不到，未来的数十年，房地产市场会如此涨势发展。

人怎么可能会选择自己根本没有能力预测的未来呢？所以，就算时间倒流，他们也没有购买房产、一夜暴富的可能性，那不过是痴人说梦罢了。

所以，想要拥有选择权，想要提升自己的决策能力，努力学习是必不可少的选项。小时候，我们总是纠结这样一个问题，长大了我是读清华呢，还是读北大呢？而真正到了高考的时候，我们才清醒地明白，以自己的实力，连考过录取线都要碰碰运气，更别提选择清华还是北大了。

很多时候，以我们自身的实力，根本谈不上什么选择，我们只是在被动地等待被别人选择，或者只能随波逐流，遑论什么决策？

那么，如何才能获得决策自己人生的资格呢？学习肯定是最重要的法门，但学习也是讲求技巧和方法的。有的人以为学习就是死记硬背，没错，在某些方面的学习上，比如学习外语单词的时候，必须要去背诵和记忆，但在其他方面，我们要精进的不是基本知识，而是思维的方式。

一个人之所以能够成功，能够在成千上万的人中脱颖而出，必定有与众不同的一面，除了勤奋刻苦之外，他们的思维方式，绝对是有可取之处的。很多人看了许多成功学的书籍，听了很多成功人士的励志故事，却仍旧过不好这一生，因为他们想要复制成功人士的经历，这是完全不可能做到的，正确的做法应该是，学习他们思考问题的方式。与其抱怨自己选错了路，不如从现在开始，提升自己的实力，开拓自己的眼界，让自己在下一个人生路口，能够顺其自然地走向一个更好的方向。

正确的思维方式，才是提升自我的关键。只有变得更强的人，才能把自己的人生牢牢掌握在自己手里，才有资格去为自己选择人生道路。

3. 应变力

战场上另外一个非常重要的能力，就是应变力。

大家应该都听过"纸上谈兵"这个成语。纸上谈兵出自《史记·廉颇蔺相如列传》，讲的是战国时期赵国名将赵奢的儿子赵括的故事。

赵括年轻时熟读兵法兵书，原文说他"言兵事，以天下莫能当"，意思就是谈起排兵布阵的事情，全天下的人都不如他，由此可见其才华和能力。

而后在长平之战中，赵王招赵括为将领，代替老将廉颇出征。赵括上任之后，以廉颇的作战计划不符合兵书上的做法为由，改变了原本的作战方案，并照搬兵书上的条文，制订了新的作战计划，结果导致四十万赵军几乎全军覆没，连他自己也中箭身亡，死在战场之上。

赵括纸上谈兵惨败的故事，足以证明应变能力有多重要。实际上在生活中也是如此，即便我们战斗力不如人，或是做出了错误的决策，但只要我们能在关键时刻灵活应变，也是有机会挽回败局，反败为胜的。

提升应变能力，离不开学习和知识的积累，更离不开实践和训练。

老将廉颇虽然不如赵括那般熟读世间兵书，但他却能够屡建战功，成为名垂千古的一代名将，就是因为他有几十年战场上积累的作战经验。而赵括之所以兵败垂成，也是因为他没有机会将知识和实践充分地结合起来。良好的应变能力，是将知识与实践相结合、融会贯通的结果。

南宋文学家和大诗人陆游曾说过：天下之事，闻者不如见者知之为详，见者不如居者知之为尽。

世间所有的理论知识、艺术作品，乃至科学定理，其诞生和发现其实都是源于生活中的各种小事。真正的学习，也是从生活中得到启发，而培养应变能力的基础，也不过是把理论知识，结合当时的实际情况，以出人意料的方式发挥出来罢了。

无论是战斗力，决策力，还是应变力，想要在人生的路上拥有足够强大的内心和力量，都离不开学习；想要活得像一支队伍，更不能放弃学习，学习不只是学生应该做的事情，而是所有人都应该坚持到老的事情。

因为不断地学习新知识，我们才会慢慢地更靠近梦想中的自己，而不是在二十几岁就过到了自己人生的顶峰，在余生中不断重复同样的日子。最近网上有一句很热门的"名言"——有些人二十几岁的时候就死了,却等到七十几岁的时候才被埋葬。这就是早早地放弃了学习的人生的写照,这样的人生是何其的苍白和可悲啊。

我希望所有在阅读这本书的年轻读者,都不会以这样的方式度过自己的人生。

除了战斗力、决策力和应变力这三项必备的硬性技能之外,一个人想要活成一支队伍,斗志也是必不可少的。如果说以上三种技能是实现梦想的必备能力,那么斗志就是你人生途中的精神支柱。

俗话说,人生不如意之事十之八九,仔细算一下,在有如爬山登顶一般的成功之路上,你真正登上顶峰的成功时间,是非常少的,大部分的时候,我们都在苦苦地煎熬,在路上一次次跌倒,步履维艰,有的人屡次碰壁之后,心灰意懒垂头丧气,而另外一些人则在失败之后,重新振作起来,燃起斗志,再次踏上寻梦之路,后者无疑靠的就是内心那股不熄灭的斗志火种。

美国著名的文学家海伦·凯勒,在她两岁的时候,因患急性充血症失去了视力和听力,对于一个残疾人而言,在这样的情况下要学会读书、写字、说话,简直是天方夜谭。

遭遇了这样的不幸,就算海伦·凯勒懦弱地躲到角落里哭泣,终日以泪洗面,也不会有人责怪她。但她并没有因此而放弃,相反,她仍然斗志昂扬,不放弃学习,经历了多年艰苦的学习,她于1899年6月考入哈佛大学拉德克利夫女子学院,并于1965年,被美国的《时代周刊》评为"20世纪美国十大英雄偶像"之一。

很多人都抱怨命运的不公,抱怨老天没有赋予自己过人的才智和优渥的家境,然而相比之下,命运对于海伦·凯勒简直不公平到了极点,跟她的遭遇比起来,我们简直是受到了上天的恩赐,拥有着健康的体魄的我们，有什么理由去抱怨呢？

还有很多时候，我们离成功也许只有一步之遥，正是因为丧失了斗志，所以与梦想失之交臂，悔恨终生。

事在人为，当我们在成功的道路上拼尽了全力，不断地攀越一座又一座高峰的同时，也要让自己的内心时刻燃烧着斗志的火种，就像一支队伍一样，勇往直前，越挫越勇，矢志不移，百折不挠。

第五节　与知识赛跑，与时代共鸣

自从大学开始扩招以后，每年应届大学毕业生的数量越来越多，而就业机会却越来越少，很多大学生毕业之后，只能找到一份月薪三五千块的工作，即便是硕士和博士毕业生，跟他们在提升自己所投入的时间和精力相比，他们在职场上所获得的薪酬和待遇，也是很难对等的。

而在这个发展迅速的社会，很多新兴的行业不断崛起，再加上各种信息传播速度的加快，我们经常会在网上看到，"煎饼大妈月入两万""美女主播年薪百万"等令人咋舌的新闻标题。

每当看到这样的新闻报道，一定会有很多人发出质疑，我们在象牙塔里苦苦地学习了十几年，付出了那么多的辛劳和汗水，为什么最后所得到的报酬却还不如那些没有读过书的人，我们努力学习的意义究竟是什么呢？

FOUR 学习力 让知识成功变现

直到 20 个世纪末，很多人对读书和学习的意义的理解依然是：好好读书是为了考上大学，这样毕业了就能找到一份安稳的工作，养家糊口，工作到 60 岁，然后退休在家，子孙环绕膝下，安享晚年。

那个年代的父母，总是教育自己的孩子要好好学习，只要能考进大学，就能拥有人人称羡的"铁饭碗"，一辈子不愁吃，不愁穿。所以，那时候的学生"两耳不闻窗外事，一心只读圣贤书"，他们中的很多人，一旦考入了大学，立刻就放弃了学习，因为他们觉得，自己已经上了大学，达到了这一生读书学习的终极目标，体面的工作也几乎已经等于到手了，接下来的大学四年，只要吃吃喝喝，混混日子，最后享受一下青春时光就可以了。

这样的观念，实在是大错特错。

无论是生活在实行科举制度的封建社会，还是在知识和经济飞速变化的今天，绝大多数人都一直坚信"学习是改变命运的唯一路径"，唯有保持不竭的学习能力，才是让自己立于不败之地的不二法门。

2006 年 8 月 24 日下午，第 26 届国际天文联会通过第 5 号决议，正式宣布将冥王星划为矮行星，将之从行星之列中除名，至此，太阳系中只剩下八大行星。而在此之前，全世界所有的基础教育课本中，都告诉我们，太阳系里有九大行星，它们按照离太阳的距离从近到远，依次为水星、金星、地球、火星、木星、土星、天王星、海王星、冥王星。冥王星在九大行星中被除名，这说明了连知识本身都一直在更新，那么，作为知识接受者的我们，又怎能停止学习的脚步呢？

在学习的路上，唯有不停地奔跑才行，一旦停步，就意味着失败。

达尔文曾经说过："物竞天择，适者生存"，想要在社会上立足，并在职场中争取到自己的一席之地，持续学习，不断更新已有的知识，是必不可少的。而"终身学习"的理念，也并不是现在才开始提倡的。相反，从古到今，"活到老，学到老"的人生信条，一直都深深地植入中国人心中。

古代人最开始的通信全部都是靠信件，直到1793年，法国查佩兄弟在巴黎和里尔之间，架设了一条传送信息的托架式线路，第一个发明了"电报"这种通信方式。此后，电报迅速在比利时、荷兰、意大利和德国等国家被普及。到了1876年，美国人贝尔发明电话，从根本上改变了人类的通信方式。到了19世纪，传呼机和大哥大也一度风靡世界。

之后手机开始普及，当时的诺基亚公司在手机市场中，曾创下连续14年全球第一的纪录。但自从苹果于2007年推出智能手机以来，诺基亚在全球手机市场中的份额，便开始呈现出逐渐下降的趋势，最终于2013年9月，被美国微软公司以71.7亿美元的价格收购。

无论是通信方式的更新换代，还是诺基亚公司的没落，苹果公司的崛起，都充分说明了一个事实——如果知识不及时更新，就会被这个时代所淘汰，即便是诺基亚这样运营了百年的国际跨国公司也不例外，更何况我们普通人。

世间的一切都瞬息万变，连知识也不例外，而想要不被这个时代淘汰的唯一办法，就是与知识赛跑，与这个时代共鸣。

要想达到这个目标，我们可以从多个角度，全方位地进行自我提升：

1. 眼界和格局决定了你上升的高度

我们经常会看到朋友圈中，父母辈的叔叔阿姨们，转发一些养生谣言，比如"桃子和西瓜不能同时食用，会产生毒素""微波炉加热食品致癌"……他们不但对这些毫无科学根据的东西坚信不疑，更是广为传播，巴不得把这些知识"科普"给身边的每一个人。

为什么我们一眼就觉得是谣传的文章，在父母眼里就成了教科书般的存在。除此之外，还有那些老年人为了眼前的蝇头小利，为了购买所谓的保健品，被人骗得倾家荡产的新闻也屡见不鲜。这不仅仅是因为，他们拥有的知识没有及时更新换代，无法辨认这些新型的骗局，更是因为他们的眼界和格局太过狭隘。

如果说，家庭背景和财富决定了一个人的起点，那眼界和格局就决定了一个人最终能攀升的高度，想要提升眼界和格局，就必须拓展知识面，在每个领域都有所涉猎：学习数理化，可以锻炼你的思维能力；学习语言，可以开发大脑潜能；学习艺术，可以提升你的鉴赏能力；学习历史，可以鉴古通今……

俗话说，技多不压身。想要提升自己，唯一的途径就是通过不断的学习，当你的眼界和格局达到了一定的程度，就算暂时没有成功，至少也不至于输得一塌糊涂。连孔圣人都说：学而不已，阖棺而止。我们这样的平凡人，更应该将终身学习，视作是人生最重要的事情。

2. 费曼技巧

经历过小学到大学的我们，应该对这句话并不陌生：考考考，老师的法宝；分分分，学生的命根。所以一直以来，很多人误以为，分数是学习的终极目标。但是，当一些高分学霸踏入了社会，过得并不如想象中那般顺风顺水的时候，又有很多人会怀疑学习的意义。

实际上，学习除了提高眼界和格局之外，更是为了获取专业技能，所以，比学习成绩更重要的，应该是学习方法。好的学习方法，能让你受用终身，更能让你爱上学习，并享受学习的乐趣。

像"死记硬背"和"题海战术"都是以往我们惯用的方法，这两种方法粗暴简单，可以说每一个经历过高考的同学都尝试过，在提高分数上确实也非常管用，但整个过程可以说是苦不堪言，让人心生恐惧，否则也不会有很多人，在高考完就第一时间撕掉所有卷子和书本了。

想要在如此痛苦的过程中，继续保持学习的热情，并贯彻终身，是不是想起来就觉得很煎熬。学习真的只能这么痛苦吗？当然不是，这里就给大家介绍一种相对不太痛苦的学习方法——费曼技巧。

费曼技巧最初是由1965年诺贝尔物理学奖获得者、美国著名物理学家理查德·费曼提出来的。除了喜欢物理之外，他还热衷于教育。而费曼技巧，就是他在思考，怎么将深奥难懂的物理知识，以最简单的语言教授给小朋友的时候，领悟出来的。

所谓的费曼技巧官方的定义有四个步骤，总结起来其实非常简单：

首先就是设想你自己是老师，要把一个自己完全不懂得的知识（也就是你在学习的知识）教授给别人，在看过一遍知识点之后，试着用自己的语言去回忆和讲解，在这个时候你就会知道，自己哪些方面已经弄懂了，哪些方面还不甚理解，然后有针对性地再重新复习一遍知识点，等你能够将这个知识完整地讲解表达出来的时候，你也就完全掌握了这个知识。

费曼技巧的优点在于，把原本枯燥的单机版的学习任务，变成了和NPC的互动任务，让你在享受学习中交互乐趣的同时，攻克新知识点这个小boss，这个升级任务。

3. 一万小时定律

每一个领域都有无数的从业者，但是能在行业中脱颖而出，成为

FOUR 学习力 让知识成功变现

佼佼者的却屈指可数。想要跟随时代的脚步,除了拓展知识面之外,努力钻研自己的专业技能,成为这个领域的精英,也是非常必要的。如果你只是个普通的从业者,你只能听从上司和领导的命令,赚取微薄的薪水,没有任何话语权;但如果你能逐渐成长为某个行业的专家和精英,你就有机会闯出属于自己的一片天地。

有的人可能会说,我根本没有天赋,所以注定我这辈子只能做一个普普通通的人。事实上,很多人的努力,根本还没有达到拼天赋的地步;或者换句话说,即便是一个非常有天赋的人,也离不开一万小时定律。

我们熟知的音乐神童莫扎特,被称为是人类历史上最罕见的音乐天才。17岁就成了音乐大师,但是没有人注意到,他3岁就开始接触音乐,5岁开始学琴;到了6岁的时候,他已经训练了3000多个小时,到了他17岁的时候,至少学习了两万小时。

而今很多说自己每天平均练琴一个小时,练了三年琴却仍旧无所成的人,实际上也不过才练了1100个小时。

无论天资多聪颖的人,如果没有长时间持续不断地训练,他们也会逐渐成为普通人,相反,即便一个再笨拙的人,只要积累了一万小时的磨炼,他们也能成为行业中的佼佼者。所以,很多人学不好的原因,根本不在于天赋和资质的问题,而在于自己不够勤勉,跟打游戏是一个道理,想要升级,必须要花时间积累一定的经验值。

事实上,道理大部分人都懂,但在人生的路上是怨天尤人、浑浑噩噩地混日子,还是能重整旗鼓,朝着自己的目标和理想前行,完全取决于行动。失去执行力,就算看过再多的书,听再多的道理也无济于事。

最后,我想用陆游的《冬夜读书示子聿》结束这一章节:纸上得来终觉浅,绝知此事要躬行。

BUJU RENSHENG　TONGWANG CAIFU ZIYOU ZHILU

FIVE

布局人生　通往财富自由之路

对于即将走向社会和刚刚工作的年轻人而言,想要获得财务自由,还有很长的一段路要走,但只要心中有明确的目标,做好财务计划,并拥有一定的执行力,实现财务自由也并不是十分艰难的事情。

FIVE　布局人生　通往财富自由之路

第一节　毕业后的第一个五年

对于大部分年轻人而言，从幼儿园开始，他们就经历了大大小小不计其数的考试，好不容易考入了大学，最终目的莫过于大学毕业后找到一份好工作，轻轻松松地赚赚钱。但是步入了职场之后，他们才发现，上了大学不等于就能有一份好工作，不等于就能赚大钱，更不等于就能买车买房，成为人生赢家，甚至他们的老板可能根本就没有上过大学，但是并不妨碍他们拥有敖人的资产，并雇用一群大学生为自己打工卖命。

所以很多刚毕业的年轻人，也许都会发自内心地产生这样的疑问：说好的"书中自有黄金屋，书中自有颜如玉"呢？为什么现实生活和书上写的完全不同？我每天至少要工作八个小时，可每个月的薪水只有固定的几千块工资，就算是升职加薪了，也不过每个月多赚几百到上千块，不知道要熬多久才能实现赚大钱的梦想，既然如此，那我们之前辛苦地读了十几年的书，究竟是为了什么？

虽然我们接受过十几年的教育，但是在"赚钱"和"积累财富"这个终极目标上，却很少有人给过我们正确的指引和教育。试想一下，即便是其他任何事情，如果没有足够的热爱和了解，也不可能做得好，更何况是"赚钱"这种贯穿了我们一生、决定了我们生活水平，也是人生中最重要的一项技能呢。

所以，若要实现财务自由，在毕业后的第一个五年，我们不但要对"赚钱"这个目标有最基本的认识,树立正确的金钱观和消费观,还要养成好的理财习惯,积累自己人生中的第一桶金。

1. 树立正确的金钱观

在日常生活中,我们都知道,与人交往需要互相尊重,"人敬我一尺,我敬人一丈",这种规律同样适用于其他方面,赚钱也不例外,我们对待金钱的态度,同样也决定了它将返还给我们的回报。所以树立正确的金钱观念,是我们走出学校这个象牙塔,首先应该去做的事情。

在传统的儒家哲学中,总是把金钱视为"庸俗"的代名词,于是在很长的时间里,人们不敢追逐金钱,甚至鄙视金钱,觉得贫穷的生活才是值得追求和歌颂的,认为"义"和"利"是站在对立面的两件事,金钱是万恶之源。因为金钱会使人变得贪婪、自私和不择手段。《圣经》里也有"富人想要上天堂,比骆驼穿过针孔还难"这样的说法。

可是,即便仇视金钱,也很少有人去思考,金钱为何会成为人们观念里的万恶之源?

那是因为还存在着另外一种人,他们对金钱抱有截然不同的看法,他们信奉金钱至上的理念,把金钱视作是生命。他们认为"人为财死,鸟为食亡",金钱是无所不能的,他们这辈子的终极目标就是追逐金钱。所以,他们被金钱蛊惑,失去理智,为了钱而不择手段。历史上的那些贪官污吏,哪一个不是为了获得更多的权力和赚取更多的金钱才铤而走险?还有那些捞偏门的人,他们明明知道自己所做的事情伤天害理,但也不惜要冒着杀头的风险去做,因为金钱的诱惑太大了,耗费同样的时间和精力,他们可以谋取更多的钱财,利字当头,他们便不惜一切代价也要去赚这种"不义之财"。

还有一些人为了赚钱，可以每天工作十几甚至二十个小时，甚至自己的身体都无法承受得住这么劳累；有的人一辈子不舍得花钱，唯一的乐趣就是省钱、攒钱，沦为人们口中的"守财奴"。总之，金钱刺激让他们暴露出最丑恶的嘴脸，所以不知道是从什么时候开始，人们一谈起钱，就变了颜色，只要你提到自己喜欢钱，就会有人给你扣上一顶"拜金"的帽子。

在我们的中学政治课本里，明确诠释过金钱的概念。我们生活中使用的金钱，基本上与商品流通中的货币无异，是从商品中分离出来，是在物资与服务的交换中充当等价物的一种特殊商品，其本质就是一种商品交换的中介，所以金钱的产生只是社会发展的产物，金钱本身并不自带任何褒贬的属性，更无善恶之分，只不过在以往的不够富足的生活条件下，人们为了能内心充实地生存下去，更加崇尚安贫乐道、知足常乐的传统观念，所以在拜金主义开始盛行之时，因为少数人的不良行为，导致人们对钱产生了更大的误解。

话说回来，拥有更多的金钱，确实能换取更多的商品和服务，让人们过上更丰盈美好的物质生活，以至于那些对金钱没有正确认识的人，才会在金钱的蛊惑下失去理智，最终沦为金钱的奴隶。

可仔细想想，我们的父母起早贪黑，不就是为了赚点钱，让我们衣食无忧地好好读书吗？我们每天早起上班，努力工作，不也是为了赚点钱来提高自己的生活水平吗？我们吃饭、穿衣、看病、住房和教育，等等，哪一样不是靠金钱支撑的呢？金钱支持了我们所有的物质生活和精神生活的需求。"经济基础决定上层建筑"这句话，不止一次地出现在历史、经济、政治和哲学课本里。

无论是什么阶层、什么年龄的人，他们要想谋生，都离不开金钱，我们看到各行各业的人忙碌在工作岗位上，他们不累吗？当然累，但是只有这样做，才能换取生活所需的一般等价物——金钱。

农民无论是炎炎夏日，还是刮风下雨，都在艰辛地劳作；工人在机房里，面对轰鸣的机器噪声，每天坚持工作八小时以上；渔民出海打渔，天气瞬息万变，有时候甚至要冒着生命危险，但他们还是毅然决然地出航……说白了，人们之所以要如此辛苦，一个重要原因，就是为了赚钱谋生，养家糊口。

年轻人之所以可以安心地躲在象牙塔里，一心只读圣贤书，也是因为有父母为你们承担了赚钱谋生的辛苦。但如果我们一直逃避责任，不愿意去学习和掌握赚钱谋生和理财的技能，那么在未来的十几或二十年，当我们的父母逐渐老去，失去了赚钱谋生的能力，我们又如何承担得起供养一个家庭的生活所需？

实际上，喜欢金钱根本没有我们想象中的那般不堪，厌恶金钱也没有那么高尚，追求金钱更不是什么可耻的事情，金钱，它是维系我们吃饭、穿衣和睡觉的物质基础，是我们安身立命的根本。

当然，任何事情都讲究一个"度"字，少一分不够，多一分又太满。追求金钱固然不可耻，但是盲目地拜金却会带来非常严重的后果，正是因为很多人对金钱的掌握和使用没有把握好度，所以金钱才成为人们心中的"万恶之源"，因此除了要对金钱保持中立和敬畏的态度之外，如何花钱也是一门大学问。

2. 树立正确的消费观

早些年的时候，"月光族"的理念开始逐渐在年轻人中蔓延，并逐渐成为一种时尚潮流。所谓的月光族，顾名思义就是将每个月赚的钱都用完、花光的人。

在我们的父辈人的观念里，人不能仅仅贪图眼前一时的享乐，更要为将来的生活考虑，俗话也说"人无远虑，必有近忧"，所以我们的父辈大都非常勤俭节约，他们以"量入为出"的方式来对待金钱，每个月的收入都要留下很大一部分，充当储蓄，以备日后的不时之需。

而年轻人的态度却截然不同，他们觉得"人生苦短，更应及时行乐"，于是他们本着"今宵有酒今宵醉"的生活态度，紧跟时尚潮流，在"买买买"的路上从来不曾手软。对他们而言，把每个月赚来的钱全部花光用光，才是对生命的不辜负。钱只有花出去，才能体现它的价值，否则不过是一张纸和银行卡上的一个数字。

月光族的年轻人认为，花钱不但可以获得物质上的享受，还是他们有知识、有能力的体现，更是他们赚钱的动力，就算这个月花光了也没关系，下个月还有能力赚回来。

随着社会经济的飞速发展，五花八门的商品层出不穷，形形色色的广告和文案更是赚足了年轻人的眼球，尤其是现在的各种微信公众号以及网红博主，他们大肆鼓吹消费主义，很多刚刚步入职场的男生和女生，在理财观念不够成熟，虚荣心作祟，又无法理智控制的时候，往往会陷入盲目消费的陷阱，那些对金钱和物质生活没有形成正确观念的年轻人，在理财上已经不仅仅止步于"月光"，更进一步陷入各种贷款购物、透支消费的恶性循环中。

最初，在我们还只能使用现金支付的时候，很多人在花钱的时候，可能会小小地心疼一下，因为你会眼睁睁地看到钞票从自己的口袋里进入别人的口袋里，但是现如今，电子货币支付蔚然成风，金钱已经变成了手机上的一个数字，当我们举起手机消费的时候，完全感受不到金钱在离我们而去，所以，我们连最后那一点内疚感也消失殆尽了。这些年，电子银行和各种信贷业务也逐渐地完善和兴盛起来，"超前消费"的观念逐渐被新一代的年轻人接受。在手机成为主流支付方式后，像花呗、闪付和信用卡等消费信贷产品都得到了普及，年轻的一辈从最初的"月光族"，过渡为了"月负族"。

这些年，年轻人成为"月光族"和"月负族"的新闻标题屡见不鲜，更是有很多年轻漂亮的小女生，为了满足自己的消费需要和虚荣心，不惜牺牲自己最后一点尊严去"裸贷"。在她们心里，活在当下、享受当下，才是第一要务，她们坚信"生活不只眼前的苟且，还有诗和远方的田野"，于是，她们花费大量的金钱在购物、旅行和奢侈品等不必要的开支上，从未把"理财"当成是人生中的重要课题。

2016年《中国青年报》的一项调查显示，至少有45.4%的受访青年在工作收入之外，仍需要从家里获得经济资助，还有28.4%的受访青年每月都会透支工资。"月负族"在新生代的年轻人中，可以说是极其普遍的。

可年轻人在透支自己的信用卡，甚至通过不合法的方式借取高利贷的时候，是否想过，这种消费方式真的适合刚刚毕业，走向工作岗位的人吗？为什么受过多年高等教育的人，赚到的薪酬还不足以支付自己一个人的生活开销呢？

这自然是年轻人的消费观念出现了很大的问题。

"股神"巴菲特的名字，想必大家都不陌生。著名的伯克希尔·哈撒韦公司就是巴菲特于1956年创立的，该公司持有美国运通、可口可乐、吉列、华盛顿邮报、富国银行以及中美洲能源公司等世界著名跨国公司的股权。2008年，巴菲特更是以620亿美元的身价，超过微软董事会主席比尔·盖茨，成为全球首富。当时，他在接受采访的时候告诉记者：我之所以超过比尔·盖茨，成为世界首富，是因为我的钱花得少，这是对我节俭的一种奖赏。

按照正常人的理念，像巴菲特这种等级的成功人士，应该是住豪宅和开豪车的，因为这些都是身份的象征。但巴菲特的实际生活却完全相反，他住的是家里几十年前盖的老房子，代步工具也是美国最普通的汽车，甚至吃穿用度都和一个普通人无异，几乎没有任何不必要的奢侈消费。

巴菲特曾经一度破产过，支持他东山再起的，仍旧是对花钱克制的理性态度。连世界首富尚且能够做到控制自己的消费，更何况刚刚步入社会，连衣食住行都不能完全自行负担的年轻人呢？

实际上，人生的旅程何其艰难，除了购物和享乐之外，更有很多难以预料的意外发生，比如失业和疾病等，这些危机通常被年轻人选择性地视而不见，因为他们年轻健壮，朝气蓬勃，总觉得这些危机都离自己太远了。然而，天有不测风云，人有旦夕祸福，谁又能保证自己能够安全无虞地度过一生呢？

正是因为只着眼于眼前的享乐，以至于在工作三五年之后，一些人开始置业成家的时候，他们突然发现自己手头拮据；十几年后，当他们的父母开始逐渐衰老，身体逐渐出现状况的时候，他们才骤然在一夜间发现，自己肩上的责任如此之重，而所有的这一切责任，无一不需要金钱来承担，帮助他们抵御。

这些年，越来越多的人感慨地说："只要是用钱能解决的问题，就都不是问题，问题是——没钱。"就算有些人工作能力出众、薪资可观，但是如果他们没有树立好正确的消费观念，月月挥霍一空，那么在急需用钱的时候，他们也只能看着自己银行卡上的数字，抓耳挠腮，手足无措。

树立正确的消费观，是毕业后的第一个五年内最应该重视的事情。作为一个过来人，我想告诉年轻人，一定要克制自己的消费欲望，尽量不要去购买自己经济能力以外的物品，尤其是非生活中的必需品。

3. 第一个五年，一定要做好储蓄

与现代年轻人"会花钱才会赚钱"的观念不同，老一辈人一直信奉的理财观念是"会赚不如会省"，其实这两个观念，没有完全的正确和错误之分，甚至也都适用于现如今年轻人的理财计划，只不过要根据具体情况进行具体分析。

即便我们崇尚着跟随时代潮流，接受全新的理财观念，但是在毕业后的第一个五年，我还是更倾向于老一辈人的思想：贯彻"量入为出"的生活方针，尽可能地存钱——没错，对于刚刚步入工作岗位的年轻人而言，比起消费，储蓄才是更为重要的事情。

每次一提到储蓄，就会有人提出各种反驳意见："都什么年代了？存钱的速度根本涨不过物价和通货膨胀的速度"；又或者说："我现在一个月只赚三五千块钱，自己吃喝用度都紧巴巴的，哪里还有多余的钱用来储蓄？"

在他们看来，想要储蓄一定的金钱，就意味着要更加控制自己的花销。可是年轻人，请你仔细盘点一下自己买过的东西，是不是每一样都是必需品？有多少东西，你购买它们只是因为贪图一时的便宜，可买回来之后却很少使用，甚至完全处于闲置状态，它们在你的居住空间里，除了占地方之外，再无其他用处。

年轻人想要享受生活，并没有什么错误，储蓄和消费从来也不是相悖的事情。一般情况下，理财分析师都建议我们把收入的10%~20%储存起来。以每天一百块的开销来计算，你每天花一百块钱和九十块钱的感觉，相差并不会太大。这个时候又有一些年轻人会提出质疑了，我才刚刚工作，一个月也就三千块钱，哪怕我每个月省下百分之十，也只有三百块，一年也才三千六百块钱，省这点钱又能做什么大事呢？

储蓄也许不能让你变得更有钱，但却会帮你慢慢地养成良好的理财习惯，因为你知道自己需要控制开销，所以才会在日常生活中，有意识地去注意哪些东西是不必要买的，哪些钱是不必要花的，久而久之，自然而然就养成了储蓄的习惯，这个习惯不但会帮助你慢慢地将小钱积累成大钱，更能帮助你养成理财的好习惯。

而当你真正地将储蓄提上日程之后，你会发现，存钱并没有你想象中的那般痛苦和艰难。试想一下，日常生活中衣食住行的方方面面，都需要支付金钱：你需要付钱给便利店、餐厅、交通工具和通信公司等，但你有没有想过，你同样可以付钱给自己。储蓄就是你给自己支付金钱，这样想来是不是感觉好了很多？所以不妨专门开一张银行卡，在每个月拿到工资的时候，至少把百分之十的薪水支付给自己，相信未来的某一天，当你突然遇到意料之外的事情时，会感谢自己给自己提前存下的这一点点小钱。

任何一件事情，都需要慢慢地学习和摸索，储蓄也不例外。在毕业后的第一个五年内，在储蓄的过程中学到的知识，也许会成为你一生中财务自由的重要经验。

第二节　如何增加自己的收入

很多人单纯地认为，收入即等于自己每个月赚到的钱。但从理财的角度而言，真正的个人收入应该是赚取的金钱减去必须开销的费用，剩下的部分，才能算是你每个月真正的收入，所以，赚得多不等于你一定就富有。

如果从公司的角度来考虑，赚到的钱，等于它的业务收入减去成本和费用，也就是会计科目中的利润，这才算得上是一家公司真正意义上的收入。

打个比方，某公司业务员甲和业务员乙每个月预支工资两万元，其中一万元只作为固定的业务开支费用（包括交通费、差旅费、通信费、招待费等管理费用），另外一万元是完成本月业务量可以获得的工资。

业务员甲每个月都将应酬开支控制在了八千元以内，那么他每个月的收入就是一万两千元。而业务员乙每个月的业务费用都会超标一千元，那他的收入就是九千元。按这样的方法来计算，即便是每个月初领到同样金额的薪资，业务员甲的收入却比业务员乙多三千元。

换一种角度来考量，如果业务员甲花了八千块的业务开支，只能勉强完成工作量，那么他一个月的实际工资是一万两千元；而业务员乙虽然业务开支比预计的多出一千元，但是因为努力工作，跑的业务量更多，所以他每个月能超额完成任务，在月底结算的时候，还能拿到五千元的业绩提成，那么业务员乙每个月的实际收入就是一万四千元，比业务员甲还高出两千元。

所以，你真正的收入，并不是你每个月能赚到多少钱，而是收入减去开销之后每个月能剩下多少钱。无论是公司还是个人，想要真正地提高自己的收入，基本上都要从两个方面着手，第一是开源，第二是节流。

1. 积累经验值，成为行业中的佼佼者

也许是因为在象牙塔里待的时间太久的缘故，很多年轻人对很多事情都存在着天真的看法。比如说，很多年轻人认为，当老板就能赚大钱，出去打工一辈子都只能拿死工资，永远没有发家致富的可能。所以他们觉得自己走上社会的第一件事情，不应该是找工作，而是创业，为此他们还列举了很多成功人士发家致富的故事。

因为眼热别人创业可以赚大钱，所以一些自认为有胆识、有魄力的年轻人，刚刚走出校门，就拿着父母的血汗钱，又或者直接去贷款，大刀阔斧地搞起了投资创业。

当然，靠着大胆创业而成功赚到第一桶金的年轻人，肯定是有的，但是这样的人少之又少，更多的人不但连利息都赚不回来，甚至赔得血本无归。有一个词叫作幸存者偏差，他们看到的那些靠着创业而赚得盆满钵满的人，都是极少数已经成功的案例，殊不知更多的中小企业因为各种原因经营不善，走向破产，昔日的老板走投无路，最终不得不去找一份工作，每日辛苦加班，只为能多赚点钱，为之前一时兴起的创业念头买单。

为什么会这样呢？实际上很多已经成功的商人，比如我们上一小

节中提到的股神巴菲特，都经历过破产又东山再起的过程。这些巨头之所以能够重整旗鼓卷土重来，是因为他们的能力足以支撑他们的事业，即便偶尔因为一两次的决策失误而摔了跟头，他们也能很快调整好自己的状态，利用身边一切可用的资源，重新开始。而对于大部分的年轻人而言，一次创业的失败，很可能以后的十几年，甚至几十年都会陷于不必要的债务中，因为他们的经验值和拥有的社会资源，根本不足以撑起他们的野心。

所以，在具备创业的基本素质和胆量之前，我更建议年轻人花时间和精力，先去找一份靠谱的工作，在工作中慢慢地学习和积累经验。因为去一个已经步入正轨的公司上班，对大部分年轻人而言，是赚取金钱的 Easy（简单）模式，等你能在简单模式之下混得如鱼得水的时候，再进入创业的 Hard（艰难）模式也不迟。

单说我们熟知的很多国内互联网企业的老总，他们也都是从打工积累经验开始，比如说腾讯的 CEO 马化腾。

很多人误以为马化腾的第一桶金是来自腾讯公司，事实上却并非如此。1993 年，马化腾从深圳大学毕业之后，曾在深圳的一家通信公司做了近五年的程序员，从软件工程师一直做到了开发部主管。因为表现出众，他在毕业的五年内，已经在圈子里小有名气，积攒了他人生的第一桶金，这个"第一桶金"不仅仅是指他的经济收入，更重要的是他累积的行业阅历和人脉资源。直到 1998 年，马化腾才和同学合资注册了现在赫赫有名的"腾讯"公司。

马云创办阿里之前，不但当过很多年英语老师，甚至还去餐馆面试过服务员的工作。1988 年，马云从杭州师范大学毕业之后，被分配到了杭州电子工业学院当讲师，很快，他就成了杭州最优秀的青年教师，并在当地的翻译界小有名气。工作了四年之后,他创办了属于自己的翻译社——海博翻译社。这是他第一次从一个打工者到创业者的转型。因为工作的缘故,在一次去美国公出的时候,他接触到了互联网行业,并发现了其中的巨大商机,这才逐渐转型,从一个英语教育和翻译行业的优秀从业者,逐渐成为一个独立的创业者,最终抓住机遇,进入了电商行业,并成为这个行业中的领军人。

网易的老总丁磊在大学毕业之后,先是在宁波电信工作了两年,辞职之后,他南下广州,又先后在三家公司从事和互联网技术相关的工作,在其中的一家ISP(因特网服务提供商)任总经理的技术助理的时候,他架设了Chinanet(因特网进入中国伊始的主要网站)上第一个"火鸟"BBS(全称firebird BBS system,是中国境内最常见的BBS系统之一)。

不知道大家发现没有,这些白手起家的互联网大佬,他们能够成功创业的关键之处,同样也是他们最大的优点,就是无论他们从事哪个行业,都能很快地掌握专业知识和行业的规律,并成为其中的佼佼者。他们每个人也都是从积累工作经验开始的,当他们踏入工作岗位,就开始积累工作经验、创业资金和人脉资源,若不是之前那么多年的磨炼期和蛰伏期,他们也不可能在未来的短短时间内一夕爆发,从一个默默无闻的大学生,成长为身家上千亿的企业家。

在理财领域有一个词叫作"无形资产",对于一个公司而言,无形资产包括了专利和商标等没有实物形态的非货币资产,除了主营业务之外,这些无形资产同样可以帮企业创造经济利益。同理,对于一个初入职场的年轻人来说,除了真实可见的货币收入之外,毕业后第一个五年内,最大的收入莫过于专业知识、工作经验、行业规则以及人脉资源等诸多方面的积累，这些就相当于是个人的无形资产，这些无形资产，定会在未来的某天，给你带来巨大的收益。

恰恰是这些很容易被年轻人所忽视的经验值，才是决定他们将来是浑浑噩噩地混日子，还是能轰轰烈烈闯出一番天地的关键所在。

2. 走出舒适区，让死工资"活"起来

正是因为去公司上班是难度最低的一种生存模式，所以，工资成了大部分人最主要的收入来源。

所谓的工资，一般来说是雇主支付给员工的劳动报酬。大多数的人既瞧不起工资，觉得那点死工资还不够吃喝用度，但是又离不开工资，因为除了工资以外，他们完全没有其他的收入来源，可他们从来不曾想过，就算是工资的数额，也未必是死的。

财务上定义的工资，其中也包含了很多的项目，比如基本工资、加班费、奖金、分红福利费和岗位津贴等，这里面甚至连基本工资都不是固定数额，很多人认为工资是死的，那是因为他们自己的工资几乎从未改变过，当然，他们更无法从财务处获得其他人的状况，这才产生了"死工资"这样的误解。

实际上每个人的工资起伏都是不同的。为什么这么说呢？列举几个大家都比较熟悉的职业，比如老师和医生的基本工资发放标准，除了工龄之外，还有绩效工资，譬如一个老师，原定一个月上一百节课，如果老师本身能力出众，他每个月至少能排到一百二十节课，那他自然能额外拿到另外二十节课的绩效工资。

如果你在一个岗位上做了很多年，都没有任何加薪的可能，这时候就要考虑一下，是公司没有发展前景，还是自己浑浑噩噩地每个月

都在混日子。如果原因在于前者，那么你就要尽早考虑换一份更好的工作；如果是后者，你就要尽可能地提升自己。总之无论是哪一种情况，都迫使你必须走出所谓的"舒适区"。

工作当然不是一件舒适的事情，但是一个人在一个工作岗位上待久了，在熟悉了这个岗位最基本的工作之后，每天就几乎都是在重复类似的事情了，久而久之很容易形成习惯，每天按部就班地上班，然后心不在焉地完成工作、等待下班。当一个正值人生最好年华的年轻人，陷入这种工作的死循环中，又如何指望工资能够"活"起来。

可能有的人说，随着工龄的增长，也是会涨一定额度的工资的，但试想一下，按照工龄提升的工资，和按照能力提升的工资，哪一个增加得更快呢？

拿医生这个职业来举例子，医生A和医生B是同学，同一年毕业，读书的时候成绩相差不大。因为市里的三甲医院都要求至少研究生学历，所以医生A毕业之后，考进镇医院成为一名正式工，可谓是找到了一份稳定的工作，正式开始了自己的职业生涯。一般来说，来镇医院看病的大都是一些不甚严重的病人，如果真的遇到自己无法医治的疑难杂症，医生A就会建议病人转去市里的三甲医院。

因为享受着"稳定"的工作，害怕离开了这里又要从头开始。医生A从来没有想过跳出这个"舒适区"去寻求改变，十年之后，医生A仍旧只会看一些基本的病症。于是，他的专业能力一直得不到提升，也无法转入更好的医院，只能继续待在镇医院里，每年所增长的小额工资部分，也是因为工龄和资历的增长而得来的。

医生B和医生A的想法不同，医生B一心想成为一名好医生，因为学历不够，他选择了一边工作积累经验，一边考研。因为学历不够，他在市里的大医院里只能做一名临时工，只比实习生待遇稍微好一点点，工资甚至不到医生A的五分之一。但是因为他一直勤勤恳恳地工作，不放弃学习，工作一年之后，他成功地考上了研究生，研究生毕业之后，他终于如愿以偿地考入了本市最好的三甲医院。

这个时候，医生A已经在镇医院里工作了五年，是一名有着五年工作经验的"老医生"了，而医生B只是三甲医院里的一名新人。但是因为医生B一直在努力地提升自己，再加上他工作认真努力，很快便成了三甲医院里年轻一辈医生中能力最出众的人，在他工作后的第五年，他的收入已经超过了工作十年的医生A，而之后他每年的薪酬增长幅度，更是医生A的数倍，而此时，医生A就算意识到什么，也很难做出什么实质性的改变了，因为他已经在安逸的环境里生活了十年之久，难以跳脱出所谓的"舒适区"了。

医生A和医生B的故事，并不是我凭空捏造，而是真实存在的。而类似这样的故事不仅仅发生在医生行业，甚至在其他任何行业中都不胜枚举。也许在前面的三五年之内，医生A过着舒适的生活，但是将时间维度拉伸到十年甚至更久，大家就会看到医生B的潜力和未来不可限量的提升和发展空间。

很多人之所以认为工资是死的，本质上是他们只着眼于眼前的利益，而从来不考虑未来的无限种可能性。不过话说回来，一个人获得的工资，绝对是和其能力相匹配的，如果一个人的专业能力一直处于停步不前的状态，那他的工资必定是死的，相反，如果走出舒适区，开始不断地提升自己，那你的工资收入也会跟着活起来，因为机会不但是给有准备的人，更是留给有能力的人的。

当然，除了提升工资之外，想要增加收入，还可以根据自己的专长，在业余时间做一些兼职。用狄更斯在《双城记》开篇的第一句话来说：这是一个最坏的时代，也是一个最好的时代。为什么这么说呢？

　　如果你没有任何一项谋生技能，生活在这个时代绝对比过去任何时代都要艰难，若是生活在古代，哪怕你找不到工作，你也可以找一片无人居住的田园山林隐居，过那种"采菊东篱下，悠然见南山"的生活，但现在，在这个以知识为核心的社会，没有一技之长或者一项优秀的品质，很容易就会被时代淘汰。

　　当然，如果你有一技之长，或者哪怕你只要拥有"勤劳"这一个优点，你都可以养活自己，甚至生活得很好，因为只要你有能力，遍地都是商机，任何技能几乎都能变现：利用学习和工作之余，去批发市场进货，去夜市摆地摊卖小商品，或者开个淘宝、微店卖小东西赚差价的勤劳姑娘，已经不是个例；我曾经认识的一个化妆师，下班之后兼职订做蛋糕，因为用的材料比蛋糕店好，她的蛋糕手艺也不错，又找了跑腿公司直接送货到家，所以她每个月做蛋糕的收入，竟不比做化妆师赚得少；很多的网文作家，都有一份正经工作，有的刚开始是为了写点东西在工作之余赚点零花钱，比如《明朝那些事儿》的作者当年明月，其本职工作是公务员。

　　最初这些人做兼职的初衷，要么是因为自己喜欢，要么是希望能多少赚一点额外的收入。却不想很多人在做自己喜欢和擅长的事情时，无论激情、投入还是质量，甚至收入都远远超过了本职工作，他们中间直接辞职转行的也不在少数。所以不要总是抱怨，因为自己不是富二代，家里没有资本给你创业，你就输在了起跑线上，只要你愿意潜心去钻研，任何一项你擅长的技能，都能给你带来额外的收入。

　　当今社会，凭着自己的技艺白手起家的年轻人，已经不是少数。

如果真心地想要增加收入，又没有足够的资本去投资，修炼一门技能可以说是成本最低的致富之路，只需要利用工作之余的时间，潜心学习，不断精进即可。在任何一个行业里，一个技艺纯熟的人，都是不可替代的宝贵资源，也都会获得丰厚的回馈和一席之地。

3. "学会花钱 "的重要性

以上的两点讲的都是如何开源，那么接下来就要聊聊如何节流了。

几乎所有人都知道赚钱是一项很重要的能力，而实际上，花钱也是一门很深的学问，尤其是对于想要提高收入的年轻人而言，如果不懂得对收入进行合理的规划，想花就花、想买就买，那么即便你赚再多的钱，也很难积累到人生的第一桶金。

连香港首富李嘉诚都曾经坦言：**识赚钱就要识使钱**。

既然花钱是一门大学问，那就不是三言两语能够说得清的，但我还是会竭尽所能地加以阐释，这里，我列举了两种常见的状况，帮助大家避免一些常见的花钱误区。

① **避免长期陷入"折扣陷阱"**。

不知道有多少人记得，人们最初网购的目的是省钱，因为网店可以减少人工费用和店面租金等大额开销。一件商品需要摊销的成本减少，使得网购商品与实体店的商品相比，在价格上也更加优惠。但是随着各种营销手段和优惠政策的出现，人们买东西的时候考虑的因素，渐渐不再是自己"是否需要"，而是单纯地考虑是否便宜了。

很多人在逛网店的时候，看到某件东西在打折，其实他并不需要这东西，只是觉得平时要花更多的钱买到的东西，现在用很低的价格就能买到，于是就产生了"买到就是占到"的心理。正是出于这种贪小便宜的心理,他们购入了很多不必要的东西,尤其是比如双十一、双十二这样的购物促销大季,折扣力度大,"满减"奏单的活动层出不穷,很多年轻人原本就不够厚实的钱包,在短短的几天内就瘪了下来。

仔细思考一下,这些东西购入之后,它们是不是除了占用空间之外,几乎是闲置状态,甚至根本没有被你想起过。再想想,现在的房价动辄几千上万块一平方米,年轻人,你买到的这些廉价的闲置品,占用了多少平方米的房间?你为它们花费了多少的房租和房贷?这样一算,你究竟是亏了,还是赚了呢?

如果一件东西是你的生活必需品,那你在折扣季买入,才等于是赚到了,相反,一件你用不上的东西,不管多便宜,都是对资金和资源的一种浪费。商家之所以推出折扣活动,首先是薄利多销;其次可以低价出掉积压的库存商品,回笼资金;最后还可以借由折扣,带动其他正价商品的销售,可以说是百利而无一害。但是对于年轻人而言,若是一味地被商家的广告和销售文案牵着鼻子走,只会陷入过度消费的恶性循环中,哪怕是赚再多的钱都会很快流走,根本无法真正地增加自己的收入。

学会花钱是学习理财的第一步,如果你不知道如何做好财务规划,那就从花钱开始学起。

② 省钱更要考虑机会成本。

和那些花钱大手大脚的年轻人相反,还有一部分年轻人,对金钱抱有极端强烈的占有态度,他们毕生的愿望就是攒钱,甚至他们人生的大部分时间都在为这件事殚精竭虑。

通常情况下,喜欢攒钱和省钱的年轻人,自身的家境一般都不太好,所以他们尽可能地节省自己的开销,在衣食住行各个方面能省则省,毫不夸张地说，有些年轻人省钱省到了令人发指的地步，以至于严重地影响了他们的生活品质。

对于那些从来不懂得储蓄的年轻人而言，他们最需要学习的是理性和节制，而对于这些省钱省到吝啬地步的人，如何花钱同样是他们人生中最需要学习和掌握的课题。

相信大家都见过这种人，生一点点小病的时候，总是自己买点药，或者听从那些所谓的"有经验"的老人的意见，或者干脆自己上网"百度"一下，服用一些土方子自行治疗。他们为什么要这么做呢？因为他们觉得去医院看病要花很多钱。假设他们去医院做一个全面的检查，进行治疗，挂号检查加上药费，大约要花掉一千元钱，而且要请一到两天的病假，除了请假当天的工资之外，他们可能还会被扣掉几百块的全勤奖。

所以他们觉得不过是一点小病，没必要花那个钱，我还年轻，能扛得住。于是，他们继续拖着疲惫的身体去工作，当然，他们中间确实有一些人运气比较好，在一段时间后自愈了，但是大部分人都逃不过小病拖成大病的命运，等到真的支撑不住再去医院看病的时候，也许医疗费用已经从一千变成了几千甚至上万，休息养病的时间，也从最开始的一两天变成了十天半个月，甚至更久。

于是，最初只是为了节省一千元钱的医药费和保住几百元的全勤奖，最后反而花费了更多的时间、精力和金钱。如果你有机会在医院待上几天，你就会发现，这样的情况根本不是个例。

所以，省钱也需要控制在一定的范围之内。

西方经济学中有一个概念，叫作机会成本（Opportunity Cost）。所谓的机会成本，指的就是如果你想要得到某种东西，就必须要放弃另一些东西的最大价值。这样说也许很难理解，那么就来举一个日常生活中最常见的例子来加以说明吧。

假如每天你坐公交车回家的成本是2元钱，前提是你要步行到离公司最近的公交车站，然后等车坐到离家最近的公交车站，然后再步行回家，这整个过程需要用掉一个多小时。而如果你打车的话，在10元钱起步价之内，十分钟就能到家门口，你会怎么选？

为了方便计算，我们按照双休八小时工作制、每个月4400元的工资来计算，你每个小时的时薪是25元。选择坐公交车看起来比打车便宜8块钱，计算机会成本，打车虽然需要支付10元钱，比乘坐公交车贵了8元钱，但是节省了一个小时的时间成本，也就是25元。

如此算来，你说是乘坐公交车划算，还是打车回家划算呢？

实际上这只是一个最简单的例子，里面最主要的机会成本就是时间成本，而在其他稍微复杂一点的情况下，各种机会成本远远不止时间成本一项，可现实生活中，为了省几块钱而忽略了其他机会成本的人，并不在少数。他们情愿在小事情上，为眼前几块钱的事情斤斤计较，浪费时间和精力，却始终看不到为了省这一点点蝇头小利，在其他方面自己要付出更多的代价。

总而言之，无论开源还是节流，赚钱还是省钱，最终达到的目的是使利益最大化，所以只有在两者之间达到一个平衡，该花则花，该省则省，才是能够增加收入的正确途径，而不是顾此失彼，因小失大。

第三节　制定自己的投资策略

随着现代人理财意识的逐渐加强，很多人开始意识到了投资的重要性。

有些人在积累了人生第一桶金的时候，就开始考虑投资了。一些细心的年轻人或许早已发现，所有成功的企业家，无一不是在积累了一定财富之后，才进行投资和创业的，用自己的原始资本来赚钱，而不是单纯赚取工资和劳务收入。可就算是成功人士，也无法手把手地教你稳赚不赔的投资策略，甚至连很多成功的企业家，也都不止一次地陷入财政危机，乃至破产。

我想要说的是，在投资之前，大家要先明白的第一件事情，就是任何投资都是有风险的。而面对投资风险的时候，会出现三种人：

第一种是盲目乐观的人，他们接受风险的存在，并自以为是地认为风险大获利就大，所以他们总是孤注一掷。这种人投资的时候，如果运气够好的话，是很有可能大赚一笔的，但是对投资缺乏理性思考的他们，从总体的结果来看，亏本的概率更大一些。

第二种人是盲目悲观的人，他们无法承受一点点的风险，觉得任何人都可能骗走自己的钱财，他们喜欢把钱存在银行，但是银行的利息还没有物价涨得快，十年前的一万元钱的购买力，和如今已经完全不可同日而语，于是，他们放在银行的钱不断地在贬值，日子也越过越拮据。

第三种人就是对投资介于乐观与悲观之间的理性主义者,他们可能不会在短时间内突然暴富,但若把时间段拉长,就可以看出他们的资产一直在正向增长;他们也会在某些项目上投资失败,但并不至于血本无归。这一种理性投资理念和策略正是我们需要学习的。

理性投资人的第一个特点,就是能够正确区分和对待投机和投资。

1. 鸡蛋究竟要不要放在同一个篮子里

一说起投资策略,大家第一件事情想到的就是风险,关于这一点,我们听过最多的一句话就是:不要把鸡蛋放在同一个篮子里,这种投资理念在很长一段时间内,都被人们追崇,因为从经济利益的角度来讲,把鸡蛋分散在不同的篮子里的投资方式,可以分散风险,即便一个篮子翻了,也不至于所有的鸡蛋都被打碎。在很多人看来,这种理财策略听起来是行之有效的。

对此,巴菲特却有着完全不同的意见,他认为,应该把所有鸡蛋都放在同一个篮子里,然后小心地看好它。并且他一直以来也是这样贯彻自己的投资理念的。

一边是大家公认的分散型投资策略,另一边是全球知名成功人士亲身验证过的经验,到底哪一种才是正确的投资策略呢?

实际上理财策略根本没有对错之分,是否能够通过投资赚钱,其本质跟策略无关,而是跟投资人本身的素质有关。巴菲特之所以敢说"鸡蛋放在同一个篮子里"这样的话,究其根本原因,是他对自己眼光和能力的自信。

当其他小朋友五六岁,主要精力都放在玩耍上的时候,巴菲特已经开始四处兜售口香糖，自食其力地赚到他人生的第一笔钱了；当别的孩子还在读小学，对金钱投资还没有概念的时候，11岁的巴菲特已经投入股市，购买了他人生中第一支股票；当青年人可能还在备战高考的时候，21岁的巴菲特已经拿到了世界八大常春藤大学——哥伦比亚大学的经济学硕士学位。毫不夸张地说，巴菲特在经济领域和投资理财方面拥有绝对的天赋。所以，他可以孤注一掷，把所有鸡蛋都放在同一个篮子里。但这种成功经验，并不适合初出茅庐、毫无投资经验的大部分年轻人。

可我同样也不赞同把鸡蛋放在很多的篮子里，从表面上看，这样做似乎确实可以分散风险，实际上个人的思维习惯是固定的，所以就算某个人把鸡蛋放在不同的篮子里，他挑选篮子的方式也是相同的，在这个时候把鸡蛋放在相同或者不同的篮子，实质上并没有什么太大的区别。

很多年轻人辛苦工作，花了数年时间，终于赚到了自己的第一桶金，对于他们而言，为了一次投资，孤注一掷实在没有必要。我的建议是，不要把所有鸡蛋都拿出来，如果是第一次投资，大可以先拿出一半的鸡蛋。如果发展得还不错，那可以继续追加投资；如果出现其他意外状况或者危机，再根据当时的情况具体分析，或者选择及时止损，或者拿自己的另一半资金来应急。

近几年来，中小企业大量倒闭，一方面虽然和创业者本身的素质和公司的运营策略有关，但另一方面，更是由于流动资金链的断裂，使得企业没有获得足够的资本来撑过经济低迷期。

所以，不管你选择何种投资方式，最基本的原则就是量力而行，选择在自己的风险承受能力范围内进行，不但不要借钱和贷款进行投资，更要给自己留一定的"鸡蛋"以备不时之需。

2. 不要盲目进入一个自己不熟悉的领域

一说起投资，总也绕不开股票和基金，而一提起股市，就不得不说起十年前的旧事。

2007年，国内股市一片大好，当时已经入市的很多人大都赚得盆满钵满，让很多人看到一条发家致富的捷径。之后大批的散户纷纷进入股市，据统计，2007年，中国平均每月开户人数高达300万。这些人中间，有的甚至连股票的专业术语都不懂，对红红绿绿的大盘走势图更是一无所知，他们只是单纯地看到别人炒股赚了钱，就盲目跟风入市，也想不劳而获地赚上一笔。

却没想到第二年，也就2008年，中国遭遇了十八年不遇的股灾，股市从6100点跌到了1600点。对普通人而言，这也许是一个不起眼的数字，而对当时的股民而言，那简直和从天堂掉到地狱没什么区别，甚至有很多人因破产而跳楼。

看到别人在某些项目上赚钱的时候，处于自尊心鼎盛期的年轻人总是会眼红羡慕，心中还有几分不甘心："像他那样的人都可以赚钱，我的能力又不比他差，凭什么我不可以发财？"于是，一时冲动，将自己仅有的积蓄投入看起来不错、自己却一无所知的领域。赚钱的人有吗？肯定有，但绝对是少数。赔钱的人有吗？也肯定有，而且占大多数。

但是不管赚钱和赔钱的概率是多少，你想要投资一个项目，最起码也要对此有基本的了解吧。

放眼全国乃至全球，好像房地产一直是一项稳赚不赔的热门行业，温州人跑遍全世界炒房的新闻，也曾一度成为热门话题。在老百姓的认知里，想要搞投资，最好的方式莫过于买房子。然而事实真的是如此吗？

　　托尼·布莱尔的名字很多人应该都听说过，这位出生于苏格兰爱丁堡的著名政客，毕业于牛津大学圣约翰学院的法律专业，并于1997年至2007年期间担任英国首相一职。在伦敦房地产炒得最热的时候，这位著名的英国首相，不止一次地斥巨资购入了伦敦市区的豪宅，原本他想要借着房地产市场的兴盛大赚一笔，却没想到布莱尔购入多套房屋之后，房价不涨反跌，以至于他不但没有通过炒房赚到钱，反而欠了银行巨额贷款。当时英国的一些媒体曾经戏谑道："我们庆幸，还好布莱尔是担任英国的首相，而不是财政大臣。"英国首相炒房失利的事情，还曾一度被剑桥大学作为MBA课程中的反面案例。

　　即便是这样一位世界著名学府毕业的国家领导人，在面对一个陌生行业的时候也摔了一个大跟头。所以，年轻人，不管你多聪明、多有天赋，在面对一个你完全不熟悉的领域的时候，还是要思虑再三，小心谨慎，切勿因为一时兴起而压上自己所有的身家。

3. 最稳妥的投资——投资自己

　　想必看到这里，很多年轻人又开始迷茫了：原本工作最初的几年，赚的钱不多，剩的钱更是少之又少，任何投资都有风险，而因为资金不够，自己的很多想法也无法启动，就没有什么一本万利的投资吗？当然是有的。

　　我们的股神巴菲特曾经说过，**这个世界上最好的投资，就是投资自己，因为没有人能拿走你脑中的东西**——这一点不光适用于巴菲特这样的天才，也适用于我们每一个人。

① 健康投资

如果要问这个世界上什么东西最昂贵，我想那应该就是健康。毕竟，钱花完了可以再赚，如果失去了健康，其他任何事情就都免谈了。所以最需要投资的项目，就是自己的健康；而最不该节省的支出，就是食物和住宿的费用。

俗话说，祸从口出，病从口入。饮食是健康最关键的因素，在老一辈人的旧观念里，总爱赞扬和标榜艰苦的生活，诸如为了省钱去超市购买即将过期的打折食品，或者半腐烂的蔬菜、水果和面包等食物。在这里我想强调的是，任何即将腐坏的食物，细菌和致癌物质的含量都高于正常食物，今天在这些方面你节省下来的钱，还不够支付你未来的医药费。健康的身体才是根本，为了省小钱而动了自己的根基，绝对是一件得不偿失的事情。

虽然不一定要吃多好的食物，但至少也要保证每日吃到新鲜的瓜果蔬菜，摄入足够的营养，这样才能保证身体机能正常运转，才有能力去工作赚钱。

如果可以的话，尽量每年做一次全身体检。很多的疾病在初期都是可以治愈的。在本章第二节中我们提到的，因为小病不治而拖成大病，最后要支付更多的费用，也是因为从不重视自己的健康投资的缘故。除此之外，我们的牙齿和眼睛，也是需要特别关注的身体器官。

在经济条件和时间允许的情况下，也可以把健身提上日程。总而言之，在健康方面的任何投资，不但不会亏本，反而绝对会物超所值。

② 成长投资

相信大家对曾经的香港首富李嘉诚的创业经历，都略有耳闻。太平洋战争时期，14岁的李嘉诚先后经历了家道中落、流落异乡、父亲过世等重重打击。当时的他，迫于生存的压力不得不辍学，去钟表行当学徒，辛苦赚钱养活自己。那时候的他还未成年，每天都有做不完的苦活，虽然很辛苦，但他心里明白，想要改变眼前这种困境，唯有努力学习这一条路可走。

所以，无论工作如何辛苦，生活如何拮据，他都会给自己预留一些财物，去购买别人用过的旧书，供自己业余学习之用。渐渐地，他发现自己身边的人，仍旧每天浑浑噩噩地打工过日子，而自己的知识却日渐增长。即便是在如此困难的环境下，李嘉诚也不忘投资自己，这才使得他从一个钟表店的杂役小工，做到仓库管理员，后来又升为经理，最后成为香港乃至亚洲首富。

在李嘉诚看来，比成功更重要的就是自我的成长。机会是留给有准备的人的，这个道理大家都懂，但是几乎很少有人会真正地把自己的成长当成一项投资，列入人生的重要课题。实际上我们在本书第一章开篇的时候就讲过，将自己培养成U盘型人才和建立个人品牌，这都是对自己成长的一种投资。

无论是在校园生活中，还是步入职业生涯，激烈的竞争一直都存在于我们身边，想要在职场中立足，不被这个发展迅速的时代淘汰，投资自己的学习和教育资源，时常充电，保持知识系统的及时更新，是非常必要的。因为无论何时何地，这个世界的主流始终是以人为本的。

我们熟悉的投资有无数种：股票、基金、期货和新能源等，但是众多的投资中，风险最低的就是对自己的投资，回报率最高的也是对自己的投资。任何投资策略是否能够可行并获得回报，关键也在于自己的眼光和决策，所以，与其在众多令人眼花缭乱的项目中，艰难地做选择，不如先把投资自己提上日程，相信在不久的将来，你一定会获得意想不到的收获和回报。

第四节　从财务计划到财务自由

提到财务计划，可能又有人要质疑了，我又没有创业开公司，每个月到手的工资不过几千块钱，而且我也不是专业的财务或者会计专业人员，为什么要多此一举去做什么财务计划呢？

对于一个公司而言，制订财务计划的目的，自然是约束和控制企业财务行为。有了清晰的财务计划，在公司运作的时候，就可以将实际发生的情况与财务计划进行比对，最终指引企业朝着终极目标——盈利的方向前进。同理，个人制订财务计划的目的亦是如此，财务计划虽然不能帮你增加收入，但却能帮助你逐渐掌控自己的财务状况，挖掘自己的潜力，合理利用金钱，最终达到财务自由的目的。

对于大多数在校学生而言，在学期和学年开始的时候，制订学习计划并不是一件太陌生和太艰难的事情。财务计划听起来可能比较专业，但实际上跟我们制订学习计划，在本质上没有太大的区别。无非是在具体的时间段内，确定自己要达到的目标，评估自身的状况，以及具体规划一下实现这一目标的过程，其最基本的两项内容，就是财务预算和财务保障。

1. 做好财务预算，养成记账的习惯

无论是公司、事业单位、政府部门甚至大到整个国家，财务预算都是至关重要的。即便是在古代，一旦成家立业之后，男女主人就要计算着柴米油盐、一蔬一饭的生活开销，这都是属于财务预算的一种。

对于刚刚步入职场，正式开始经济独立的年轻人，更是应该对自己的收入和支出，有一个最基本的了解和控制。

做财务预算的第一步，就是评估，评估自己现在的收入水平，未来的潜力，与自己的目标相比，大致需要多长时间来实现。

一般来说，财务预算分短期和长期两种，短期预算就是目前一年内的预算，而长期预算一般在五到十年，对个人而言，十年以上的规划并没有太大的意义。

确定了自己的目标和能力之后，接下来就是对自己每个月的支出进行预算，大体上包括衣食住行等方面最基本的生活成本和其他开支。在这里我大致列了一个表格供大家参考，大家可以根据自身的情况增减项目。

基本生活成本								
月份	衣服	餐费	住宿	交通	通信	社交	其他	备注
1								
2								
3								
4								
5								

基本生活成本								
月份	衣服	餐费	住宿	交通	通信	社交	其他	备注
6								
7								
8								
9								
10								
11								
12								

其他开支							
月份	疾病	人情往来	父母生活费	书本、教育	娱乐	其他	备注
1							
2							
3							
4							
5							
6							
7							
8							
9							
10							
11							
12							

做好评估之后，接下来要做的就是记账。

现在各种各样的记账笔记本五花八门，手机上各种记账的 APP 也层出不穷，每天养成记账的习惯，知道自己每一分钱都花到了哪里。在每个月末进行汇总，与自己的预算做对比，考虑是否要控制某些方面的支出，或者哪些项目自己未考虑周全，哪些是完全不必要的开销等。

预算的最终目的，从本质上来讲，只是给自己设立了一个大致的标杆，即便超出预算，至少也能够对自己的财务状况有一个直观上的认识和了解。

2. 财务保障

俗话说：机会是留给有准备的人的。但是在漫长的人生路上，不论如何未雨绸缪，都不可能一帆风顺。也许现在身处顺境的我们感觉很乐观，也很愿意用积极的心态去面对未来。但是，当我们经历人生低谷的时候，不但心态会随着环境的影响，变得更加消极，经济上也可能会入不敷出，处境艰难。所以，我们更应该提前给自己做好财务保障。在我们可以考虑到的范围内，失业和生病是最容易出现的两种意外状况。

假如你是一个刚开始工作的职场新人，你的第一个目标并不是赚到第一桶金，而是给自己积累 6~12 个月的失业金和 1~3 年的疾病保障。如果你已经步入职场多年，正要准备投资创业，那也请给自己预留好以上两个项目的资金，因为这是维持生存的最基本的财务保障。如果可以的话，至少把工资的五分之一作为财务保障资金，纳入个人的储蓄计划。

随着保险行业的日益发展，各类险种也日益地完善起来，如果未给自己留出足够的疾病保障金，不妨从现在起，每年花上几百块钱，给自己购买一份重大疾病保险，以防万一。

有些人可能觉得，只有上了年纪的中老年人才会罹患重大疾病，还有的人觉得，根本没有必要多花几百块钱去买什么保险，感觉好像是在诅咒自己。但在这里我不得不残忍地告诉大家，这个世界并不会如人所愿，现实生活可能残酷得超出大家的想象，由于现代人工作压力大、饮食不规律、长期熬夜等不良习惯，重大疾病的患病率越来越年轻化，很多年轻人也许第一天还好好的，第二天就发现自己得了重病，付不起高额的医药费，只能去拖累年迈的父母，令整个家庭都陷入困境之中。

所以，为了让自己拥有足够的能力和准备去抵御难以预测的危机，这一笔财务保障支出是非常有必要的。

3. 如何应对债务

与白手起家的年轻人相比，有的家境贫寒的学生，在学校的时候就已经因为读书而欠下了一笔助学贷款的债务。对于他们而言，想要实现财务自由，清偿债务是必经之路。即便是那些家境不错的年轻人，也有可能为了自己一时的消费欲望，欠下了卡债。在大学校园里，因为创业、购物和旅游等各种名目，欠下债务的年轻人也不在少数，甚至在社会新闻中，我们经常会看到一些年轻人因为自尊心重，又感还债无望，选择结束自己生命的悲剧。

实际上，在当今这个社会上，负债已经是司空见惯的事情了，并不需要为此而感到自卑或者丢脸。

当然了，债务也有正常的债务和愚蠢的债务之分，有些债务无法避免，比如读书时欠下的助学贷款；有一些债务可以创造更好的回报率，比如置业的房贷、车贷等；但有些女生为了满足自己的虚荣心，不断地透支信用卡购买名牌衣服、包包和化妆品等生活非必需品，而欠下的巨额消费债，就是非常愚蠢的债务了。

如果真的已经欠下巨额的债务，也不必慌张，更不必为此选择极端的方式，以悲剧和惊叹号去终结一切，请大家一定要相信，人只要活着，任何事情都能找到解决方案，也唯有活着，才能有机会守得云开见月明。

任何事情都有两面性，债务虽然会让你备感压力，但如果处理得当也能让你迅速成长。

在债务面前，首先要做的就是冷静分析出现债务的原因。若是因为原生家庭贫困等原因欠下的正常债务，只要在日后的工作中，每个月预留三分之一以上的款项，作为偿还债务之用，便可慢慢清偿债务，因为这类债务通常也会充分考量借债人的偿还能力，没有高昂的利息，还款时间也相对充裕。

而若是已经欠下了消费债，那就是本身在自律方面出现了问题，这个时候不妨取消掉可以预支款项的信用卡，如果条件允许，不妨向家人和亲密的朋友伸出求助之手，请大家帮助自己度过危机，并在日后从自己每个月的收入中扣除一部分，偿还亲朋好友的资助。

日后，在消费欲望露头的时候，学会自我克制，理性消费，认清购物陷阱，逐渐训练自己的自律能力、判断能力，最终养成良好而清醒的消费习惯，比起终有一日能还清的债务，让自己变成更好的人，才是你最大的人生收获。

总之，负债虽然让人备感沮丧，但无论如何，生命永远比金钱贵重，切勿本末倒置，因为金钱而罔顾了自己的生命。

对于即将走向社会和刚刚工作的年轻人而言，想要获得财务自由，还有很长的一段路要走，但只要心中有明确的目标，做好财务计划，并拥有一定的执行力，实现财务自由也并不是十分艰难的事情。即便是在此过程中遇到了困难，也不要轻易地放弃，因为每个人的人生都是与众不同的，前人的经验只能供你参考，自己的路应该如何走，还是需要自己一步一个脚印去摸索和尝试。

结　语

当你看到这里的时候，这本书已经接近尾声，从规划到布局人生，从对时间的思考到对自我的提升，这本书从五个方面大致地阐释了刚刚步入社会的现代年轻人，需要在哪些方面格外注意，并应做出怎样的调整，才能规划和布局出更好的人生。

当然，对人生的探索和对美好生活的追求，远远不只这些。但无论如何，还是希望我写下的这些经验，能给各位一些启发。

这些肺腑之言，就算不能带你寻找到通往成功的捷径，但至少可以帮助你少走一些弯路，不浪费宝贵的青春年华，让自己未来的路走得更长，更远，更好。